I0491110

A RESPONSABILIDADE CIVIL AMBIENTAL PÓS-CONSUMO NA DESTINAÇÃO DE RESÍDUOS SÓLIDOS

PREFÁCIO

O meio ambiente equilibrado e preservado é essencial para a sobrevivência da humanidade, tanto para a presente como para as futuras gerações. Por esta razão, o legislador constituinte preocupou-se em lhe dar proteção e o sistematizou na Constituição da República de 1988, inclusive como direito fundamental. Ao decorrer do tempo, a poluição do meio ambiente pelo ser humano cresce intensamente e o legislador infraconstitucional criou leis que possuem o objetivo de proteção desse bem difuso e indispensável para a vida em sociedade. Desde então, muito se tem feito e estudado em prol da proteção e conservação do meio ambiente, criando-se mecanismos para evitar e minimizar o dano ambiental, como a Lei da Política Nacional de Resíduos Sólidos. Este diploma legal influencia a atuar de forma preventiva, porém se houver o dano ambiental, incidirá a responsabilidade pós-consumo, e assim passará a esfera reparatória. A responsabilidade pós-consumo possui os mesmos elementos da responsabilidade civil ambiental, o dano, o agente e o nexo de causalidade, na modalidade objetiva. Ainda estão em desenvolvimento e aprimoramento os possíveis mecanismos e instrumentos de todo o gênero para combate ao dano ambiental, e com a lei nº 12.305, de 02 de agosto de 2010 foi regulamentada a logística reversa, assim como igualmente importantes, as diversas formas de destinação ambientalmente adequadas. A leitura deste livro é recomendada para que todos reflitam e compreendam que a correta destinação de resíduos sólidos é crucial para a conservação do meio ambiente ecologicamente equilibrado e para uma melhor qualidade de vida à humanidade.

I-INTRODUÇÃO

Com o aumento da quantidade de resíduos sólidos produzidos pela sociedade moderna, principalmente nos grandes centros urbanos, cria-se a necessidade da destinação ambientalmente adequada para atingir o desenvolvimento sustentado.

Atualmente, o sistema público de limpeza urbana não é suficiente e não tem condições operacionais eficientes para abranger todo o território. Todos os cidadãos têm o dever constitucional de conservar o meio ambiente equilibrado, e, consequentemente, todos têm a obrigação de dar destino correto aos seus resíduos, sendo responsabilizados de forma compartilhada.

Por esse motivo, a presente pesquisa objetiva uma análise da responsabilidade civil ambiental pós-consumo na destinação dos resíduos sólidos, em face da Lei nº 12.305, de 02 de agosto de 2010, a qual é essencial para amenizar os efeitos danosos ao meio ambiente. Os instrumentos desta lei devem ser implementados tanto pelo Poder Público, assim como por todos aqueles que participam do ciclo de vida do produto.

O primeiro capítulo tratou do meio ambiente como bem juridicamente protegido, sobre o meio ambiente ecologicamente equilibrado como direito fundamental, desenvolvimento sustentável e a questão dos resíduos sólidos e sobre os principais princípios aplicados a temática, princípio da participação e informação, princípio do poluidor-pagador, princípio da prevenção e princípio da precaução.

O segundo capítulo serviu para proclamar os diversos tipos de resíduos e seu modo de destinação ambientalmente adequado e sua disposição, se encerrando com a reciclagem como verdadeira forma incentivada pela nova lei da Política Nacional de Resíduos Sólidos.

O terceiro capítulo tratou da temática da responsabilidade civil ambiental pós-consumo na destinação dos resíduos sólidos. Foi descrita a evolução histórica da responsabilidade civil, como se deu o nascimento da responsabilidade subjetiva e como apareceu e se fortaleceu a responsabilidade civil objetiva ambiental. Verificou-se como a Lei da Política Nacional de Resíduos Sólidos dispôs a respeito da responsabilidade compartilhada e as implicações do instrumento da logística reversa.

É imprescindível a destinação adequada dos resíduos sólidos pós-consumo, pois está diretamente relacionado ao desenvolvimento sustentável, e, consequentemente, através da educação ambiental conscientizar a população a consumir e poluir menos.

A poluição produzida por resíduos sólidos pode causar graves riscos ao meio ambiente, com conseqüências muitas vezes não reversíveis.

II-MEIO AMBIENTE COMO BEM JURIDICAMENTE PROTEGIDO

O ambiente se constituí em um conjunto de elementos naturais e culturais, cuja interação forma o meio em que se vive, portanto, a expressão "meio ambiente" é considerada mais completa, do que a simples palavra "ambiente". O conceito de meio ambiente é globalizante, abrange toda a natureza original e artificial, compreendendo o solo, a água, o ar, a flora, as belezas naturais, o patrimônio histórico, artístico, turístico, paisagístico e arqueológico[1].

Antes do advento da Constituição Federal de 1988, a proteção ao meio ambiente era feita através de legislação infraconstitucional, especialmente pela Lei 6.938/81, que estabeleceu a Política Nacional do Meio Ambiente.

Verifica-se que nesta lei, no artigo 3º, inciso I, o meio ambiente é definido como "o conjunto de condições, leis, influências e interações de ordem física, química e biológicas que permite, abriga e rege a vida em todas as suas formas"[2].

Nota-se que o legislador brasileiro preferiu um conceito com o fim de realçar a interação e a interdependência entre o homem e a natureza. Então, a expressão meio ambiente deve ser compreendida como um conjunto de recursos, naturais ou artificiais, que objetivam a servir não somente ao homem, mas a todas às espécies vivas ao seu redor e que são essenciais a sobrevivência.

Com a vigência da Constituição da República de 1988, considerada um marco em matéria de direito ambiental, a proteção ao meio ambiente consolidou-se em vários artigos, principalmente no artigo 225, que em seu *caput* preceitua o seguinte:

> Todos têm direito ao meio ambiente ecologicamente equilibrado, bem de uso comum do povo e essencial à sadia qualidade de vida, impondo-se ao Poder Público e à coletividade o dever de defendê-lo e preservá-lo para as presentes e futuras gerações[3].

Pode-se inferir da norma constitucional acima que o direito ao meio ambiente ecologicamente equilibrado é de todos, ou seja, é de cada um indiscriminadamente, incluindo as gerações presentes e futuras.

Por sua vez, é relevante destacar a definição de meio ambiente visualizada como macrobem por Leite e Ayala[4] se consistindo no conjunto de relações e interações que condiciona a vida em todas as suas formas, sendo considerado imaterial e incorpóreo, ou seja, um complexo de bens agregados que compõem a realidade ambiental. Os bens corpóreos seriam os bens agregados e regulados por leis próprias, como o Código de Águas, o Código Florestal.

Por conseguinte, considera-se macrobem, por ser bem de uso comum do povo. Ninguém, Poder Público ou coletividade, poderá dispor do meio ambiente ecologicamente equilibrado, devido a sua previsão constitucional, sendo macrobem de todos. O dever de defender e preservar o meio ambiente é imputado ao Poder Público e à coletividade, pois é de todos a titularidade desse direito.

Além disso, é um bem difuso e transindividual. Como bem explica Nelson Nery apud Fiorillo (1997) diz:

> qualquer pretensão que se deduza em juízo buscando re-
> paração por dano causado ao meio ambiente será difusa,
> pois se trata de direito cujo objeto é indivisível, sendo que
> os titulares deste direito são indetermináveis e ligados por
> circunstâncias de fato[5].

Então, o bem de natureza difusa tem como titular o próprio povo, diferentemente do bem público, em que o titular é o Estado. E é transidividual, porque ultrapassa a esfera de um único indivíduo, onde a satisfação do direito deve alcançar a uma coletividade indeterminada.

II.1-MEIO AMBIENTE ECOLOGICAMENTE EQUILIBRADO COMO DIREITO FUNDAMENTAL

Percebe-se que o artigo 225, *caput,* da Constituição da República de 1988, completou a valorização da legislação ambiental inciada com a Lei 6.938/81, reconhecendo o direito a um meio ambiente ecologicamente equilibrado como direito fundamental da pessoa humana.

De acordo com Silva, há uma nova projeção do direito à vida, pois a manutenção das condições ambientais são suportes para a própria vida:

> A proteção ambiental, abrangendo a preservação da Natu-
> reza em todos os seus elementos essenciais à vida humana
> e à manutenção do equilíbrio ecológico, visa a tutelar a
> qualidade do meio ambiente em função da qualidade de

vida, como uma forma de direito fundamental da pessoa humana[6].

No entanto, o grande marco do reconhecimento do meio ambiente ecologicamente equilibrado, como direito fundamental do ser humano é a Conferência das Nações Unidas sobre o Meio Ambiente de 1972, conhecida como Conferência de Estocolmo, que em seu princípio 1º dispõe:

> O homem tem o direito fundamental à liberdade, à igualdade, e ao desfrute de condições de vida adequadas em meio cuja qualidade lhe permita levar uma vida digna e gozar de bem-estar e tem a solene obrigação de proteger e melhorar esse meio para as gerações presentes e futuras[7].

Pode-se também observar que o princípio acima foi reafirmado na Declaração do Rio de Janeiro sobre Meio Ambiente e Desenvolvimento de 1992, em seu princípio 1º:

> Os seres humanos constituem o centro das preocupações relacionadas com o desenvolvimento sustentável. Têm direito a uma vida saudável e produtiva em harmonia com o meio ambiente[8].

Este princípio significou, no âmbito internacional, um reconhecimento do direito do ser humano a um bem jurídico fundamental, o meio ambiente ecologicamente equilibrado e a qualidade de vida.

De acordo com os ensinamentos de Custódio[9], ao seguir esse referido princípio, todos os seres humanos possuem o direito a uma vida saudável e produtiva, em harmonia com a natureza. Os direitos fundamentais da pessoa humana são universalmente reconhecidos, sendo plenamente exercidos, quando os recursos ambientais são racionalmente usados, proporcionando sua disponibilidade permanente e contribuindo para a manutenção do equilíbrio ecológico universal propício para as gerações presentes e futuras.

No âmbito nacional, esse direito fundamental ao meio ambiente ecologicamente equilibrado se insere ao lado de outros direitos fundamentais, garantidos constitucionalmente, como o direito à vida, à igualdade, à liberdade, caracterizando-se pelo seu cunho social amplo e não meramente individual.

Vale expor o entendimento de Leite, que alerta para a participação de todos para a manutenção desse direito fundamental, como segue:

> Se o meio ambiente ecologicamente equilibrado é um direito fundamental, o que significa para todos esta qualificação? Significa que, para a efetividade deste direito, há necessidade da participação do Estado e da coletividade, em consonância com o preceito constitucional. O Estado, desta forma, deve fornecer os meios instrumentais necessários à implantação deste direito. Além desta ação positiva do Estado, é necessária também a abstenção de práticas nocivas ao meio ambiente, por parte da coletividade. O cidadão deve, desta forma, empenhar-se na consecução deste direito fundamental, participando ativamente das ações voltadas à proteção do meio ambiente. O que é realmente inovador no art. 225 é o reconhecimento da indissolubilidade do vículo Estado-sociedade civil.[10]

Constatou-se, então, que o meio ambiente ecologicamente equilibrado é um direito fundamental intergeracional, que deverá ser preservado, com o seu uso racional por todos, para assegurá-lo para as presentes e futuras gerações.

II.2-DESENVOLVIMENTO SUSTENTÁVEL E A QUESTÃO DOS RESÍDUOS SÓLIDOS

O conceito de desenvolvimento sustentável envolve a conciliação entre a proteção do meio ambiente com o desenvolvimento socioeconômico com o propósito de melhoria na qualidade de vida do homem. O progresso econômico deve ser sempre acompanhado pelo uso racional dos recursos naturais, principalmente, os não renováveis.

Diante disso, o desenvolvimento sustentável surgiu incialmente na Conferência Mundial do Meio Ambiente, em Estocolmo em 1972 e repetiu-se em diversas conferências sobre o meio ambiente, em especial na Eco-92, foi adotado na Declaração do Rio e na Agenda 21[11]. Foi inclusive elevado a *status* constitucional, através do *caput* do artigo 225 da nossa Carta Magna, como já transcrito acima.

Através das sábias palavras de Fiorillo, a transformação sociopolítica-econômica-tecnológica, após Revolução Industrial, percebeu-se a necessidade premente de um modelo de estado intervecionista, mas não ditatorial, com o objetivo de reequilibrar o mercado econômico. Passou-se a reclamar um papel ativo do Estado no socorro dos valores ambientais, para que houvesse convergência dos objetivos das políticas de desenvolvimento econômico, social, cultural e de proteção ambiental[12].

Por oportuno, a Constituição Federal de 1988 estabelece que a ordem econômica, fundada na livre iniciativa (sistema de produção capitalista) e na valorização do trabalho humano (limite ao capitalismo selvagem), deverá respeitar os ditames da justiça social, respeitando o princípio da defesa do meio ambiente, disposto no artigo 170, inciso VI do diploma constitucional pátrio:

> Art.170. A ordem econômica, fundada na valorização do trabalho humano e na livre iniciativa, tem por fim assegurar a todos existência digna, conforme os ditames da justiça social, observados os seguintes princípios:
>
> [...]
>
> VI- defesa do meio ambiente, inclusive mediante tratamento diferenciado conforme o impacto ambiental dos produtos e serviços e de seus processos de elaboração e prestação[13].

Assim um dos escopos do desenvolvimento socioeconômico é a produção de bens e serviços à procura de um mercado consumidor, mas sempre buscando coexistir com os recursos ambientais, que poderão ser explorados de forma sustentável, sem provocar sua escassez, respeitando seu grau de renovação.

Ressalta-se que não há problema em consumir para garantir um nível de vida digno e satisfatório estendido a toda população, no atendimento das necessidades individuais de alimentação, habitação, saneamento, instrução, energia, enfim do bem-estar material, que tem por fim o gozo de dignidade, autoestima e respeito a valores fundamentais. Nesse sentido, o consumo contribuí para o desenvolvimento do homem, respeitando o bem-estar coletivo e a capacidade ambiental mundial.

É motivo de preocupação aquele consumismo exarcebado, baseado na compra de bens e serviços inúteis, que após utilizados são descartados em forma de resíduos de forma inadequada, provocando reações adversas no meio ambiente.

Como expõe Milaré a respeito do fenômeno do consumismo, mostrando o perigo à humanidade, nas linhas abaixo:

> As distorções do consumo, em diferentes graus e modalidades, têm gerado sérios problemas até chegar ao consumismo, que consiste numa mentalidade arraigada e em hábitos mórbidos, mais ou menos compulsivos, que embotam a consciência do cidadão consumista, impedindo-o de fazer sequer a menor autocrítica. Por isso, essa forma de degeneração deve ser analisada sob os pontos de vista cultural, social, econômico e psicológico. O consumista é uma espécie de pessoa mistificada, iludida, autoiludida. Somados, os milhões e milhões de consumistas existentes na população mundial representam uma ameaça global para o meio ambiente, tanto mais que essa mesma população cresce em taxas ainda assustadoras, sobretudo nos países pobres ou em via de desenvolvimento. É importante notar que o consumista não é apenas aquele que efetivamente consome, mas, ainda, o que sonha com esse tipo desviado de consumo e sacrifa bens e valores essenciais simplesmente para atingi-lo. A ascensão das classes populares a um nível de vida melhor-o que é uma situação fundamental e desejável-, pode desembocar numa ânsia compulsiva de consumo, o que é temerário. Como alcançar um bem necessário sem desembocar num excesso perigoso?![...][14]

Verifica-se que como esse fenômeno do consumismo coloca em risco toda a humanidade, assim como o equilíbrio do ecossistema terrestre. Além disso, diferencia o consumo que assegura uma vida digna à população, e em um movimento inverso, o consumismo exarcebado que pode afetar negativamente a qualidade de vida das pessoas.

A partir da produção em massa e do consumo desenfreado desencadeia outro problema que consiste na destinação de resíduos pós-consumo. Ao seu lado, surge a questão específica da responsabilidade pelos danos causados por tais resíduos.

Para refinar o tratamento dessas questões, entrou em vigor a Lei da Política Nacional de Recursos Sólidos (Lei 12.305/2010) que prevê destinação final ambientalmente adequada de resíduos, bem como a responsabilidade compartilhada pelo ciclo de vida do produto.

Em relação aos padrões sustentáveis de produção e de consumo, o artigo 3º da Lei 12.305/2010 define como aqueles: "de forma a atender as necessidades das atuais gerações e permitir melhores condições de vida, sem comprometer a qualidade ambiental e o atendimento das necessidades das gerações futuras".

O consumo moderado, a produção consciente e responsável, a destinação ambientalmente adequada de resíduos e a educação ambiental são fatores que efetivamente auxiliariam a fortalecer o desenvolvimento sustentável, sendo todos previstos na Lei referida acima.

II.3-PRINCÍPIOS APLICADOS À TUTELA DOS RESÍDUOS SÓLIDOS

Os princípios abaixo aludidos são princípios norteadores do direito ambiental, que serão aplicados conjuntamente com a temática da responsabilidade civil pós-consumo na destinação de resíduos sólidos, sendo que todos esses são previstos na Lei 12.305/2010.

II.3.1-PRINCÍPIO DA INFORMAÇÃO E PARTICIPAÇÃO

Na seara do meio ambiente, o direito à informação decorre do Estado Democrático e objetiva a viabilizar ao cidadão o pleno acesso às informações a respeito das decisões que tenham repercussão na qualidade ambiental, para que tenha condições de as influenciar[15].

Através do princípio 10 da Declaração sobre Meio Ambiente e Desenvolvimento do Rio de Janeiro de 1992, vislumbra-se a necessidade do exercício do direito à informação e da participação democrática, como disposto abaixo:

> A melhor maneira de tratar questões ambientais é assegurar a participação, no nível apropriado, de todos os cidadãos interessados. No nível nacional, cada indivíduo deve ter acesso adequado a informações relativas ao meio ambiente de que disponham as autoridades públicas, inclusive informações sobre materiais e atividades perigosas em suas comunidades, bem como a oportunidade de participar de processos de tomada de decisões. Os Estados devem facilitar e estimular a conscientização e a participação pública, valorando à informação à disposição de todos. Deve ser propiciado acesso efetivo a mecanismos judiciais e administrativos, inclusive no que diz repeito à compensação e reparação dos danos[16].

Oberva-se que a Constituição da República de 1988 recepcionou esse princípio em vários dispositivos, e, principalmente, para essa temática, no artigo 225, § 1º, inciso IV, quando proclama a publicidade do estudo de impacto ambiental, assegurando à coletividade a informação e o acesso ao respectivo estudo[17].

Pela Lei da Política Nacional do Meio Ambiente, ou Lei nº 6.938/81, em se artigo 9º, incisos VII e XI, infere como instrumento dessa política o dever do Estado de formar um cadastro de informações ambientais e de garantir ao povo às informações relativas ao meio ambiente[18].

Através da Lei da Política Nacional de Recursos Sólidos, esse princípio está expressamente disposto no artigo 6º, inciso XI e no artigo 12, que disciplina que a União, os Estados, o Distrito Federal e os Municípios, organizarão e manterão, de forma conjunta, o Sistema Nacional de Informações sobre a Gestão dos Resíduos Sólidos (SINIR), articulado com Sistema Nacional de Informações em Saneamento Básico (SINISA) e o Sistema Nacional de Informações sobre Meio Ambiente (SINIMA). Acrescenta em seu parágrafo único que incumbe aos Estados, ao Distrito Federal e aos Municípios fornecer informações necessárias sobre os resíduos sob sua competência ao órgão federal competente pela coordenação do SINIR[19].

A aplicação desse princípio é relevante, também, para garantir o acesso à informação por parte da sociedade em geral. Com informação, o cidadão conhecerá as formas e os locais para disposição do resíduo, ou sua devolução no caso dos produtos sujeitos à logística reversa. Além disso, cada agente participante da cadeia produtiva saberá como proceder com os resíduos para que os mesmos não sejam responsabilizados por sua conduta. Logística reversa consiste em um instrumento de desenvolvimento econômico e social, prevista na lei da política nacional de resíduos sólidos, caracterizado por um conjunto de ações, procedimentos e meios destinados a viabilizar a coleta e a restituição dos resíduos sólidos ao setor empresarial, para reaproveitamento, em seu ciclo ou em outros ciclos produtivos[20].

Faz-se mister incluir os esclarecimentos de Werner[21], que defende o incentivo e o desenvolvimento de meios para propiciar a efetiva partipação da sociedade em geral no desenvolvimento das políticas públicas, que seria um grando desafio garantido constitucionalmente.

Mello define política pública como um conjunto de atos reunidos por um fio condutor que os une ao fim comum de empreender ou desenvolver um dado projeto governamental em benefício do país. Assim continuando sua tese, a intervenção do Estado no domínio econômico e social se faz pela prestação dos serviços públicos desta natureza (saúde e saneamento), como pelo fomento da atividade privada através de trespasse de recusos para serem aplicados pelos particulares com fins sociais[22].

De acordo com a Lei nº 12.305/2010, a implementação da eficiência na destinação de resíduos sólidos se faz, por um conjunto de atos, tanto por iniciativa pública, pelo trespasse de recursos para particulares, assim como por próprios subsídios da iniciativa privada.

II.3.2-PRINCÍPIO DO POLUIDOR-PAGADOR

Outro princípio importante é o do poluidor-pagador, que não significa pagar para poluir, como pode se inferir do próprio termo. O seu conteúdo é bastante diferente.

Esse princípio é aquele que impõe ao poluidor o dever de suportar as despesas de prevenção, reparação e repressão da poluição. Em outras palavras, objetiva imputar ao poluidor, que ocasionou a degradação dos recursos naturais, os custos sociais da poluição por ele causada, prevenindo, ressarcindo e reprimindo os danos ocorridos aos bens, às pessoas e à própria natureza[23].

Nesse sentido, o poluidor-pagador foi tratado também no Princípio 16 da Declaração do Rio de Janeiro sobre Meio Ambiente e Desenvolvimento de 1992, nos seguintes termos:

> As autoridades nacionais deverão esforçar-se para promover a internalização dos custos ambientais e a utilização de instrumentos econômicos, tendo em conta o princípio de que o poluidor deverá, em princípio, suportar o custo da poluição, com o devido respeito pelo interesse público e sem distorcer o comércio e o investimento[24].

Em relação ao objetivo maior do princípio do poluidor-pagador, Benjamin aponta como:

> É fazer com que os custos das medidas de proteção do meio-ambiente- as externalidades ambientais- repercutam nos custos finais de produtos e serviços cuja produção esteja na origem da atividade poluidora. Em outras palavras, busca-se fazer com que os agentes que originaram as externalidades assumam os custos impostos a outros agentes, produtores e/ou consumidores[25].

Esclarece-se que externalidades, na seara ambiental, se constituem nos custos sociais do processo de desenvolvimento e que, através do princípio do poluidor-pagador passaram a ser computados no preço final dos produtos e serviços, sendo que esses custos são internalizados. Os custos sociais são aqueles resultantes dos danos ambientais do processo de desenvolvimento.

Mota salienta a importância da internalização dos custos, como segue:

> É certo que o preço de um bem colocado no mercado só teria uma medida correta (um valor justo) se no valor que lhe fosse atribuído estivessem computados todos os ganhos sociais surgidos com a produção desse mesmo bem, além, é claro, dos custos de sua produção. Outrossim, não se agindo dessa forma, internalizando os custos, certamente o pro-

> dutor de um bem terá um produto colocado no mercado que não será por todos adquirido, mas cujo custo social será suportado, inclusive, por quem não consumiu ou nunca irá consumir o referido produto[26].

Em relação às suas órbitas de alcance, pode-se dizer a aplicação desse princípio busca evitar a ocorrência de dano ambiental, e se ocorrer, visa a sua reparação.

Nesse sentido, Fiorillo defende que pode ter dois momentos para aplicação desse princípio:

> Desse modo, num primeiro momento, impõe-se ao poluidor o dever de arcar com as despesas de prevenção dos danos ao meio ambiente que sua atividade possa ocasionar. Cabe a ele o ônus de utilizar instrumentos necessários à prevenção dos danos. Numa segunda órbita de alcance, esclarece este princípio que, ocorrendo danos ao meio ambiente em razão da atividade desenvolvida, o poluidor será responsável pela sua reparação[27].

Na órbita repressiva, pelo princípio do poluidor-pagador há incidência da responsabilidade civil, assim como administrativa e penal, como está disposto no artigo 225, § 3º da Constituição Federal de 1988[28].

Por sua vez, a Lei nº 12.305/2010, artigo 6º, inciso II, traz expressamente o princípio do poluidor-pagador como parte integrante do rol dos princípios da Política Nacional de Recursos Sólidos. Além desse, também, no Capítulo V desta lei, referentes aos instrumentos econômicos, no artigo 42, inciso I, disciplina a iniciativa de prevenção e redução da geração de resíduos sólidos no processo produtivo[29].

No contexto desse princípio do poluidor-pagador, Lemos ressalta a fundamental importância em sua aplicação nos resíduos de consumo, como segue:

> Ora, em todo o processo produtivo há a geração de externalidades negativas. Na atual sociedade de consumo, com o incremento do uso de embalagens, especialmente as descartáveis e o excesso de uso do plástico do processo produtivo, é impossível deixar de considerar tal custo[30].

É notório que o material plástico é de dificílima decomposição, constituindo um forte componente de degradação ambiental. Por essa razão é importante, por exemplo, que uma empresa de recipientes plásticos coloque o seu produto no mercado, com um preço final, no qual seja considerado o custo social de sua produção.

II.3.3-PRINCÍPIO DA PREVENÇÃO

O princípio da prevenção possuí estreita relação com o princípio do poluidor-pagador e é aplicado com o fim de um dever de cuidado, de utilização racional, parcimoniosa, dos recursos ambientais. Busca aplicar medidas que evitem degradação ao meio ambiente, primando pela redução ou eliminação das causas de ações suscetíveis de alterar a qualidade ambiental.

A prevenção é prevista no Princípio 2 da Declaração de Estocolmo de 1972, com a seguinte redação:

> Os recursos naturais da terra, inclusive o ar, a água, terra, flora e fauna e, especialmente, as amostras representativas dos ecossistemas naturais, devem ser preservados em benefício das presentes e futuras gerações mediante cuidadosa aplicação e planejamento[31].

Um importante mecanismo preventivo do dano é o estudo prévio de impacto ambiental, previsto no artigo 225, § 1º da nossa Carta Magna de 1988, no seu inciso III, a qual é exigida a sua realização prévia mediante instalação de obra ou atividade potencialmente causadora de significativa degradação do meio ambiente, a qual se dará publicidade[32].

Constituem instrumentos eficazes para a prevenção, como bem explana Fiorillo, o já citado estudo prévio de impacto ambiental, acompanhado do relatório de impacto do meio ambiente, o deferimento de liminares em processos judiciais em trâmite em nossos Tribunais, no sentido de suspender qualquer atividade degradadora do meio ambiente ou até mesmo incentivos ficais conferidos às atividades que atuem em parceria com o meio ambiente, como maiores benefícios àqueles que utilizam tecnologias limpas, multas e sanções mais pesadas, não se perdendo de vista o poder econômico do poluidor, assim como os benefícios experimentados com a atividade degradante, bem como o lucro obtido à custa da agressão ambiental[33].

Acrescenta Marchesan, que toda a ação envolvendo o meio ambiente deve ser voltada a uma tutela preventiva para que seja evitado o dano. Observa que a atenção deve estar voltada para o momento anterior à consumação do dano. Vale muito mais a prevenção, do que a reparação do meio ambiente, por essa ser incerta, onerosa e incapaz de reparar muitas vezes o meio ambiente, como, por exemplo, no caso de desaparecimento de uma espécie, da poluição de um rio e de supressão de uma nascente[34].

Em relação à aplicação desse princípio aos resíduos sólidos, Lemos diz que primeiro deve se evitar a produção do resíduo, sendo utilizadas as melhores tecnologias na composição do produto e da embalagem, bem como conscientizando o consumidor e produtor, da importância da redução do resíduo. A utilização racional dos recursos naturais decorrente da aplicação do princípio da prevenção implica também na redução de produção e consumo[35].

A Política Nacional de Resíduos Sólidos tem viéis preventivo, que podem ser vislumbrados em seus objetivos, como o estímulo à adoção de padrões sustentáveis de produção e consumo de bens e serviços; adoção, desenvolvimento e aprimoramento de tecnologias limpas como forma de minimizar impactos ambientais; incentivo ao desenvolvimento de sistemas de gestão ambiental e empresarial voltados para melhoria dos processos produtivos e ao reaproveitamento dos resíduos sólidos, incluídos a recuperação e o aproveitamento energético; estímulo à rotulagem ambiental e ao consumo sustentável[36].

Apesar disso, os mecanismos e os critérios de prevenção não estão claros na referida lei acima, cabendo ao Poder Público elaborar políticas públicas de prevenção de resíduos, seja reduzindo seus efeitos prejudiciais ao meio ambiente, seja reduzindo o volume de resíduos. Assim como, todos os agentes enumerados pela Lei nº 12.305/2010, como por exemplo, os consumidores, os fornecedores, e os produtores devem adotar medidas para preservar a qualidade do ambiente.

II.3.4-PRINCÍPIO DA PRECAUÇÃO

Pode-se verificar que o enquanto o princípio da prevenção pode responsabilizar o poluidor, quando o dano é certo ou quando sua ameaça real e iminente provém de certeza científica, o princípio da precaução somente imporá gravames anteriores mesmo à absoluta incerteza científica, apenas por perigo abstrato ou potencial.

Além disso Machado, afirma que para a implementação do princípio, não se objetiva imobilizar as atividades humanas, e sim a durabilidade da sadia qualidade de vida das gerações humanas e à continuidade da natureza existente no planeta[37].

Verifica-se que o núcleo do princípio está no Princípio 15 na Declaração do Rio sobre Meio Ambiente e Desenvolvimento de 1992, que assim dispõe:

> De modo a proteger o meio ambiente, o princípio da precaução deve ser amplamente observado pelos Estados, de acordo com as suas capacidades. Quando houver ameaça de danos sérios e irreversíveis, a ausência de absoluta certeza científica não deve ser utilizada como razão para postergar medidas eficazes e economicamente viáveis para prevenir a degradação ambiental[38].

Além disso, esse princípio da precaução está disposto expressamente na Lei da Política Nacional dos Resíduos Sólidos, mais precisamente em artigo 6º, inciso I e para aplicá-lo deve haver séria e irreversível ameaça ao equilíbrio ambiental.

De acordo com os ensinamentos de Machado, as características do princípio da precaução consistem na incerteza do dano ambiental, que se concretizado pode causar danos irreparáveis a vida e a natureza, e na tipologia do risco ou da ameaça da atividade ou da obra projetada, que pode ser séria ou irreversível, e se realizadas podem tornar impossível a volta ao estado anterior do bem atingido[39].

Como bem observa Lemos[40], esse princípio está sendo objeto de aplicação em nossos Tribunais em diversos julgados, inclusive com a inversão do ônus da prova, de modo que o empreendedor fica obrigado a demonstrar que sua atividade não causará danos ao meio ambiente, como o seguinte julgado:

Processual Civil- Competência para julgamento de execução fiscal de multa por dano ambiental- Inexistência de interesse da união- Competência da justiça estadual- Prestação jurisdicional- Omissão- Não ocorrência- Perícia- Dano ambiental- Direito do suposto poluidor- Princípio da precaução- Inversão do ônus da prova. 1. A competência para julgamento de execução fiscal por dano ambiental movida por entidade autárquica estadual é de competência da Justiça Estadual. 2.Não ocorre ofensa ao art. 535, II, do CPC, se o Tribunal de origem decide, fundamentadamente, as questões essenciais ao julgamento da lide. **3.O princípio da precaução pressupõe a inversão do ônus probatório, competindo a quem supostamente promoveu o dano ambiental comprovar que não causou ou que a substância lançada ao meio ambiente não lhe é potencialmente lesiva. 4.Nesse sentido e coerente com esse posicionamento, é direito subjetivo do suposto infrator a realização de perícia para comprovar a ineficácia poluente de sua conduta, não sendo suficiente para torná-la prescindível informações obtidas de sítio da internet. 5.A prova pericial é necessária sempre que a prova do fato depender de conhecimento técnico, o que se revela aplicável na seara ambiental ante a complexidade do bioma e da eficácia poluente dos produtos decorrentes do engenho humano.** 6.Recurso especial provido para determinar a devolução dos autos à origem com a anulação de todos os atos decisórios a partir do indeferimento da prova pericial (Resp 1.060.753/SP, j. 01/12/2009, rel. Min. Eliana Calmon).

Em casos como esse acima exposto e semelhantes a ele, se o suposto poluidor não lograr êxito em provar que sua atividade não causou os indesejáveis danos ao meio ambiente, esse será responsabilizado.

Não deve se olvidar que a aplicação de todos os princípios vistos deve ser de forma conjunta, sendo que servem de delimitadores as ações e as omissões na correta destinação dos resíduos sólidos, conforme será articulado ao decorrer do presente trabalho.

III-DOS RESÍDUOS SÓLIDOS E SUA DESTINAÇÃO

Com o advento da sociedade de massa e o crescimento da população mundial com melhoria da qualidade de vida, houve um aumento na produção de resíduos, decorrente da produção e utilização pós-consumo, considerado um grande problema ambiental.

III.1- DOS RESÍDUOS SÓLIDOS

De acordo com a legislação anterior à Lei 12.305/2010, ou seja, a Resolução 5/1993, como bem lembra Machado, a definição de resíduo sólido significa lixo, refugo e outras descargas de materiais sólidos, incluindo resíduos sólidos de materiais provenientes de operações industriais, comerciais e agrícolas e de atividades da comunidade, não incluindo materiais sólidos dissolvidos em esgoto doméstico, lama ou qualquer outro que possa dissolver ou dispersar em meios líquidos e gasosos[41].

Segundo Tonani, resíduo é qualquer material que seu proprietário ou produtor não considera mais com valor para conservá-lo, podendo se apresentar nos estados sólido, líquido ou gasoso[42].

Com a vigência da Lei 12.305/2010, em seu artigo 3º, inciso XVI, ampliou o conceito de resíduo sólido, que passou a envolver os resíduos em qualquer estado:

> resíduos sólidos: material, substância, objeto ou bem descartado resultante de atividades humanas em sociedade, a cuja destinação final se procede, se propõe proceder ou se está obrigado a proceder, nos estados sólidos ou semissólido, bem como gases contidos em recipientes e líquidos cujas particularidades tornem inviável o seu lançamento na rede pública de esgotos ou corpo d'água, ou exijam para isso soluções técnica ou economicamente inviáveis em face da melhor tecnologia disponível[43].

Faz-se oportuno, também, demonstrar a classificação de resíduos sólidos quanto à origem e quanto à periculosidade, que está disposta no artigo 13 da lei supracitada, pois o presente estudo se refere a todos eles, como a seguir:

I-quanto à origem:

a)   resíduos domiciliares: os originários de atividades domésticas em residências urbanas;

b)   resíduos de limpeza urbana: os originários da varrição, limpeza de logradouros e vias públicas e outros serviços de limpeza urbana;

c)   resíduos sólidos urbanos: os englobados nas alíneas a e b;

d)   resíduos de estabelecimentos comerciais e prestadores de serviços: os gerados nessas atividades, excetuados os referidos nas alíneas b, e, g, h e j;

e)   resíduos dos serviços públicos de saneamento básico: os gerados nessas atividades, excetuados os referidos na alínea c;

f)   resíduos industriais: os gerados nos processos produtivos e instalações industriais;

g)   resíduos de serviços de saúde: os gerados nos serviços de saúde, conforme definido em regulamento ou em normas estabelecidas pelos órgãos do Sisnama e do SNVS;

h)   resíduos da construção civil: os gerados nas construções, reformas, reparos e demolições de obras de construção civil, incluídos aqueles advindos da preparação e escavação de terrenos para obras civis;

i)   resíduos agrossilvopastoris: os gerados nas atividades agropecuárias e silviculturais, incluídos os relacionados a insumos utilizados nessas atividades;

j)   resíduos de serviços de transportes: aqueles originados em portos, aeroportos, terminais alfandegários, rodoviários e ferroviários e passagens de fronteira;

k)   resíduos de mineração: os gerados na atividade de pesquisa, extração ou beneficiamento de minérios;

Além disso, verica-se na lei que os resíduos sólidos também são classificados em perigosos, como aqueles que apresentam periculosidade quanto à inflamabilidade, corrosividade, reatividade, toxicidade e patogenicidade, o que acarreta implicações em sua destinação.

Lemos ensina que a natureza jurídica de resíduo sólido pós-consumo se constituí em bem socioambiental. Não podendo mais se preocupar, como no período clássico, apenas com a produção, a distribuição e o consumo dos produtos, mas também com os resíduos, que não podem ser abandonados, pelo contrário, deverão ser corretamente dispostos para o próprio bem da humanidade. Pode-se falar em dupla titularidade do resíduo, como sendo um bem de titularidade pública e de titularidade privada. São bens socioambientais na medida em que têm importância para as presentes e futuras gerações, sendo qualquer efeito negativo que ocasionem, deverá incidir responsabilidade para todas aqueles que contribuíram para o dano ambiental[44].

No tocante ao artigo 6º, inciso VIII, da Lei da Pollítica Nacional de Resíduos Sólidos, este trata da importância do resíduo, como um bem econômico e de valor social, gerador de trabalho e renda e promotor de cidadania[45].

A referida lei também traça uma diferenciação entre resíduos e rejeitos, que como preceitua o seu artigo 3º, inciso XV, diz que os rejeitos são:

> resíduos sólidos que, depois de esgotadas todas as possibilidades de tratamento e recuperação por processos tecnológicos disponíveis e economicamente viáveis, não apresentem outra possibilidade que não a disposição final ambientalmente adequada.

Logo se verifica que rejeitos provém de resíduos sólidos, que são aqueles que já foram esgotadas todas as vias de tratamento e recuperação, sendo que só resta a disposição, a qual deverá ser ambientalmente adequada, de acordo com o artigo 3º, inciso VIII da Lei 12.305/2010.

III.2- DA DESTINAÇÃO E DA DISPOSIÇÃO
FINAL DE RESÍDUOS SÓLIDOS

O presente trabalho não tem por escopo elencar todas as modalidades de destinação de resíduos sólidos. Serão apresentados alguns modos de destinação, sabendo que se houver destinação irregular, pode acarretar responsabilidade.

Um dos efeitos negativos gerado pelas ações do homem sobre o meio ambiente é a crescente produção de resíduos, que encontram um manejo insuficiente.

Os resíduos sempre foram vistos como desprezíveis e marginais, pela sociedade e pelo poder público. A preocupação ambiental com os resíduos e seus efeitos é recente. Na Idade Média, os resíduos eram lançados nas ruas, o que foi apontado como a causa da peste negra, e como consequência provocou a morte da metade da população em apenas quatro anos[46].

Infelizmente, verifica-se esta realidade até os dias atuais, pois de acordo com o último Panorama dos Resíduos Sólidos no Brasil, feito pela Associação Brasileira de Empresas de Limpeza Pública e Resíduos Especiais (ABRELPE/2019), entre 2017 e 2018, a geração de resíduos sólidos no Brasil aumentou quase 1% e alcançou 216.629 toneladas diárias, o que corresponde aproximadamente em volume 2.000 toneladas a mais em 2018. Neste mesmo período, a população cresceu 0,40% e a geração per capita foi de 0,39%, o que significa que cada brasileiro gerou pouco mais de 1 quilo de resíduo por dia. Verifica-se que a geração de resíduos aumentou mais que o crescimento populacional no mesmo período[47].

A disposição final de resíduos sólidos urbanos ainda não está adequada. Do volume de 72,7 milhões de toneladas coletadas no território brasileiro em 2018, 59,5% tiveram disposição final adequada, pois foram encaminhados a aterros sanitários, o que corresponde a uma expansão de 2,4% em relação ao valor do ano anterior. Os lixões e aterros controlados ainda têm participação significativa, de 23% da disposição em lixões, e 17,5%, em aterros controlados, que provocam impactos negativos ambientais e à saúde humana[48].

A destinação correta dos resíduos foi discutida pela Agenda 21, um dos principais resultados da conferência Eco-92 ou Rio-92, que estabeleceu a importância de cada país se comprometer em refletir, global e localmente, sobre a forma pela qual governos, empresas, organizações não-governamentais e todos os setores da sociedade poderiam cooperar na pesquisa de soluções para os problemas socioambientais, como a gestão de resíduos e sua recuperação energética[49].

A lei n. 12.305/2010, que instituiu a Política Nacional de Resíduos Sólidos possui como maior desafio a implantação de planos e programas de resíduos sólidos, e a adoção da hierarquia estratégica da gestão integrada de resíduos auxilia os gestores na tomada de decisões, e está disciplinada em seu artigo 9º a ordem de prioridade no manejo de resíduos, como: não geração, redução, reutilização, reciclagem, tratamento de resíduos sólidos e disposição final ambientalmente adequada dos rejeitos[50].

Por oportuno, esta lei, em seu artigo 3º, incisos VII e VIII define a destinação e disposição final ambientalmente adequadas. A destinação final ambientalmente adequada seria a destinação de resíduos que incluí a reutilização, a reciclagem, a compostagem, a recuperação e o aproveitamento energético ou outras destinações admitidas pelos órgãos competentes do SISNAMA, do SNVS e do SUASA, entre elas a disposição final, observando normas operacionais específicas de modo a evitar danos ou riscos à saúde pública e à segurança e a minimizar os impactos ambientais adversos. Enquanto a disposição final ambientalmente adequada consiste na distribuição ordenada de rejeitos em aterros, observando normas operacionais específicas de modo a evitar danos ou riscos à saúde pública e à segurança e a minimizar os impactos ambientais adversos.

A seguir serão verificadas algumas modalidades de destinação dos resíduos sólidos, sendo necessário fazer uma advertência quanto aos lixões. Alerta Machado que se deve abolir o depósito a céu aberto, ou o chamado lixão, por ser modo de destinação irregular, constituindo em descargas livres de resíduos sólidos por pessoas físicas e pelo setor público, tendo como consequências, por exemplo, poluição das águas subterrâneas e por conseguinte dos cursos d'água vizinhos, aumento de animais parasitas (insetos e roedores), odores fortes de fermentação, provocando, também, transtorno público, interferência na vida comunitária e no desenvolvimento. Além disso, continua proclamando da necessidade de uma lei federal que impusesse penalidades para que não houvesse a proliferação dos lixões, para que não provocasse dano à saúde da coletividade, assim como dos trabalhadores de reciclagem[51].

III.2.1- ATERRO SANITÁRIO

Para Sirvinskas, o aterro sanitário é o modo de destinação de lixo mais adequado e econômico. Após o resultado positivo do estudo prévio de impacto ambiental para a constatação da viabilidade de implantação, instala-se o aterro sanitário para receber lixo coletado diariamente e, após a sua compactação, é coberto por uma camada de terra no final de cada dia. Ali são colocados respiros e drenos para a saída dos gases e do chorume, observando as técnicas recomendáveis[52].

Complementa Tonani, que o resíduo é compactado e depositado nesses aterros e depois coberto por terra, sendo que essa cobertura deve ser diária, o solo deve ser impermeabilizado, e a drenagem deve ser controlada, para evitar poluição do lençol freático e deve ter estação de tratamento do chorume no próprio local. Ainda esclarece que chorume se constituí em um líquido escuro, altamente poluente, que pode se infiltrar no solo e no subsolo, bem como ser levado pelas chuvas[53].

Conforme a Lei da Política Nacional de Resíduos Sólidos, artigo 3º, inciso VIII, o aterro sanitário foi construído para o depósito de rejeitos, que são resíduos sólidos que, depois de esgotadas todas as possibilidades de tratamento e recuperação por processos tecnológicos disponíveis e economicamente viáveis, não apresentem outra possibilidade que não a disposição final ambientalmente adequada[54].

III.2.2-RECUPERAÇÃO ENERGÉTICA

Os resíduos sólidos podem servir como produto, formar a biomassa, para o aproveitamento energético.

O biogás é produzido a partir da biomassa, que é o produto da transformação de matéria orgânica em energia elétrica. A biomassa pode ser dividida de acordo com sua origem: florestal, agrícola e resíduos urbanos. A produção de energia depende tanto da matéria prima, assim como da tecnologia utilizada[55].

O biogás é o produto de processos de degradação anaeróbia de matéria orgânica, sem a participação de oxigênio. Pode ser realizada em aterros sanitários ou biorreatores. É composto majoritariamente de metano (CH_4) e gás carbônico (CO_2), e baixas participações de outros gases, como gás sulfídrico (H_2S), hidrogênio (H_2) e nitrogênio (N_2). A presença do metano garante ao biogás ser uma fonte de energia, e a possibilidade de sua transformação em energia elétrica[56].

A biomassa com alto índice de umidade (esterco, esgoto e lixo) podem ser transformados em biogás por meio da digestão anaeróbia, feitas por bactérias metanofílicas[57]. A digestão anaeróbia é um processo metabólico com condições anaeróbias e depende da atividade conjunta de microrganismos para transformar material orgânico em dióxido de carbono e metano.

Para a produção de biogás também há tratamento térmico de resíduos sólidos, que corresponde a uma sequência de transformações para a produção de energia elétrica, e consequentemente reduz a quantidade ou o potencial poluidor destes resíduos. O tratamento térmico de resíduos sólidos utiliza o calor, para produzir energia térmica, elétrica, ou mecânica a partir de resíduos sólidos, além de recuperar, separar, ou reduzir o potencial poluidor de substâncias ou microorganismos presentes, reduzir massa ou volume. Por exemplo, processos de combustão: incineração, gaseificação, coprocessamento, e processos sem combustão: pirólise, autoclavagem e aquecimento dielétrico (micro-ondas)[58]. O tratamento térmico é definido como processo cuja operação se realiza acima da temperatura mínima de 800º C, conforme art. 2º, inciso III, da Resolução CONAMA nº 316/2002[59].

A recuperação energética deve ter prioridade na destinação em relação a disposição em aterros sanitários. As diretivas europeias, principalmente a Diretiva 2000/76/EC deram prioridade as usinas de recuperação energética, e os aterros sanitários passaram a ser proibidos, por causa dos impactos negativos ao meio ambiente e a saúde humana[60].

III.2.3- COMPOSTAGEM

Diz-se que a compostagem é o processo através do qual os resíduos sólidos provenientes de material orgânico são transformados em composto, como utilização como adubo no setor agrícola. Os compostos viram adubos e fertilizantes.

Os resíduos ricos em nitrogênio e em carbono podem ser utilizados para compostagem, e uma mistura entre eles na composteira é o ideal. Exemplos de resíduos ricos em nitrogênio são: como frutas, legumes, verduras, filtro e borra de café, saquinho de chá, cereais, casca de ovo, pão, massas, e arroz cozido. Resíduos ricos em carbono: guardanapo de papel, restos de jardim secos (folhas, flores, galhos) e serragem, cinzas de queima de madeira[61].

A compostagem pode ser considerada uma destinação ambientalmente adequada do material orgânico, e aproveita uma propriedade específica desse material que é a biodegradabilidade.

Por oportuno, Fiorillo observa que essa modalidade está presente desde as primeiras sociedades agrícolas. Além disso, aponta como vantagens desse modelo, a formação de nutrientes para o solo e ao impedimento de sua acidificação, ao passo que uma das desvantagens encontradas pode ser a massa residual, que por vezes, não é formada apenas por elementos orgânicos, podendo ter a existência de resíduo industrial, que poderá poluir o próprio solo[62].

Para completar Tonani também apresenta desvantagens e vantagens desse método. As desvantagens seriam que nem sempre são eliminados os parasitas constantes dos resíduos orgânicos, sendo que infectarão os futuros compostos e exige muito espaço para a estocagem do produto da compostagem. A principal vantagem seria a diminuição do espaço necessário para os aterros sanitários, problema grave de grandes centros e, também, quando se retira a massa orgância do lixo coletado, diminui a quantidade total de lixo destinada aos aterros sanitários, prolongando-se a vida útil desses locais[63].

III.2.4- RECICLAGEM

A reciclagem é uma forma de destinação final ambientalmente adequada, e um método de reaproveitamento de determinados materiais, através do reprocessamento e recuperação de detritos para posterior uso doméstico ou na indústria. São considerados exemplos de materiais recicláveis: vidro, papel, papelão, jornal, alumínio, plástico e metal.

A Lei nº 12.305/2010 cita por diversas vezes em seu texto, essa modalidade de destinação de resíduos sólidos, mostrando que o legislador se preocupou em determinar que ela fosse incoporada de maneira mais intensa e implementada inclusive pelo setor público.

Inicialmente, a lei define reciclagem como processo de transformação dos resíduos sólidos que envolve a alteração de suas propriedades físicas, físico-químicas ou biológicas, com a finalidade de transformação em insumos ou novos produtos, observadas as condições e os padrões estabelecidos pelos órgãos competentes do SISNAMA, e se couber do SNVS (Sistema Nacional de Vigilância Sanitária) e do SUASA (Sistema Unificado de Atenção à Sanidade Agropecuária)[64].

Destaca-se, na nova lei em vigência, dois dos seus objetivos, que são o incentivo à indústria da reciclagem, tendo em vista fomentar o uso de matérias-primas e insumos derivados de materiais recicláveis e reciclados, e integração dos catadores de materiais reutilizáveis e recicláveis nas ações que envolvam a responsabilidade compartilhada pelo ciclo de vida do produto.

Nota-se que dos instrumentos dessa política é o incentivo à criação e ao desenvolvimento de cooperativas ou de outras formas de associação de catadores de materiais reutilizáveis e recicláveis.

Nessa mesma esteira, continua o incentivo pela reciclagem, tendo em vista que determina que o titular[65] dos serviços públicos de limpeza urbana e de manejo de resíduos sólidos deverá priorizar a organização e o funcionamento de cooperativas ou de outras formas de associação de catadores de materiais reutilizáveis e recicláveis formadas por pessoas físicas de baixa renda, bem como sua contratação.

Ressalta Sirvinskas que a reciclagem é muito importante, e destaca a importância da recuperação de energia, água e matéria-prima, comparando que 50 kg de papel reciclado equivale a uma árvore adulta, 1.000 kg de alumínio reciclado equivale a 5.000 Kg de minérios extraídos e 1 Kg de vidro corresponde a 1 KG de vidro novo[66].

Ainda no tocante a esse item, a coletiva seletiva[67] é um importante sistema, que possuí sua definição legal como sendo coleta de resíduos sólidos previamente segregados de acordo com sua constituição ou composição, sendo implementado juntamente com a reciclagem, além de ser um instrumento da Política Nacional de Recursos Sólidos disciplinado no artigo 8º inciso III da Lei nº 12.305/2010.

Em outras palavras, coleta seletiva consiste no sistema de recolher a parcela dos resíduos considerados próprios para reciclagem, separando-os em elementos secos e orgânicos.

Acrescenta Milaré que por meio da coleta seletiva é viável dar destinação final adequada aos resíduos sólidos, possibilitando não somente a reciclagem, mas também destinar os resíduos para reutilização, recuperação e aproveitamento energético, ou até mesmo sua destinação para compostagem. O sistema de coleta seletiva deve ser implantado pelo titular do serviço público de limpeza urbana e manejo de resíduos sólidos[68].

O Anuário de Reciclagem, com dados informativos de 2017-2018, criado pela Associação Nacional dos Catadores e Catadoras de Materiais Recicláveis (Ancat), se baseia na amostra de organização de catadores, o que corresponde a 247 em 2017 e 260 em 2018, não refletindo a totalidade do setor. O gráfico a seguir corresponde ao volume total coletado por tipo de material.[69]

GRÁFICO 06 • VOLUME TOTAL COLETADO PELAS COOPERATIVAS E ASSOCIAÇÕES DE CATADORES EM 2017 E 2018, POR TIPO DE MATERIAL (toneladas e % do total)

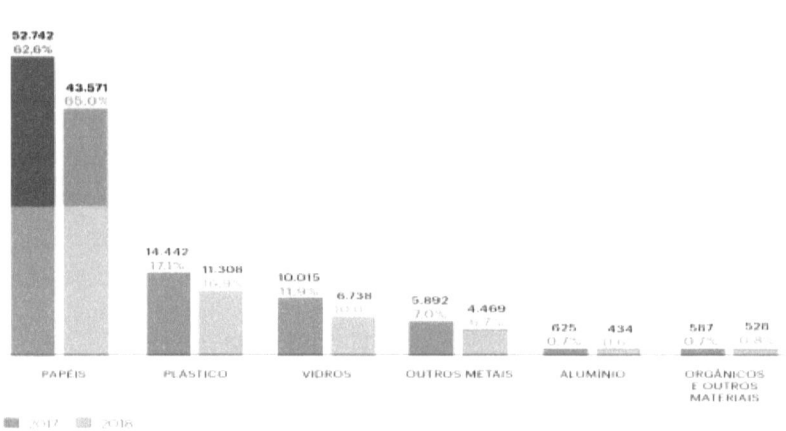

Além das modalidades acima expostas no capítulo dois de destinação de resíduos sólidos, soma-se a importante ferramenta da responsabilidade pós-consumo para amenizar o problema premente do acúmulo de resíduos, juntamente com a aplicação dos princípios da educação e informação, poluidor-pagador, prevenção e precaução.

IV- A RESPONSABILIDADE CIVIL AMBIENTAL PÓS-CONSUMO NA DESTINAÇÃO DE RESÍDUOS SÓLIDOS

O crescente aumento dos resíduos sólidos em nossa sociedade de consumo, cada vez mais preocupa o Estado. O aumento populacional, os excessos da sociedade de consumo, os recursos públicos sempre insuficientes e o descarte irregular em grande volume de resíduos, provenientes das atividades da época moderna, contribuem para a problemática do aumento de resíduos.

A nova lei da Política Nacional de Resíduos Sólidos foi promulgada para auxiliar a implementação correta de um sistema integrado por todos, para que contribuam para a destinação de resíduos provenientes de várias origens, como relatados no segundo capítulo. É dever de todos dar destinação adequada aos resíduos provenientes de suas atividades e não deixar sempre para os serviços públicos de limpeza urbana, que não são os únicos responsáveis por esse objetivo.

Segundo Milaré, a Política Nacional de Resíduos Sólidos veio preencher uma importante lacuna no ordenamento jurídico pátrio, reconhecendo a problemática ambiental, com diversos episódios registrados no território nacional, com origem na destinação e disposição inadequadas de resíduos e conseqüente contaminação do solo, além da dificuldade de identificação dos agentes responsáveis. Cita-se como exemplos de episódios, a contaminação do solo e de águas subterrâneas, com risco efetivo à saúde pública e à biota, além do comprometimento do uso de recursos naturais em benefício da sociedade, muitas vezes com fatos causadores ocorridos e iniciados há muito tempo atrás, sendo que os efeitos são graves atualmente[70].

A destinação irregular de resíduos sólidos pode desencadear danos ao meio ambiente, gerando responsabilidade para o agente, podendo haver a imposição, cumulativamente, das sanções civis, penal e administrativa.

Preocupar-se-á somente com a análise da responsabilidade civil ambiental pós-consumo.

IV.1- A EVOLUÇÃO HISTÓRICA DA RESPONSABILIDADE CIVIL

O vocábulo responsabilidade vem do latim respondere, que significa responsabilizar-se, assumir o pagamento do que se obrigou ou do ato que praticou. A responsabilidade tem ampla significação, revela o dever jurídico, em que se coloca a pessoa, seja em virtude de contrato, seja em face de fato ou de omissão, que lhe seja imputado, para satisfazer a prestação convencionada ou para suportar as sanções legais, que lhe são impostas[71].

A partir da evolução histórica da responsabilidade civil, se compreenderá melhor a aplicação da responsabilidade civil objetiva ambiental. A partir de uma célere análise do passado, se entenderá melhor a modificação do entendimento dos doutrinadores.

De acordo com os ensinamentos de Oliveira Filho, fazendo uma breve retrospectiva, a noção de responsabilidade se iniciou na época da Lei de Talião, onde o mal era combatido pelo mal, em outras palavras, olho por olho e dente por dente, quando a vítima agredida aplicava ao ofensor a mesma lesão que sofrera. Após a evolução dos tempos, passou-se a aplicar o direito romano que também sofreu modificações durante séculos, sendo que uma importante regra desse período foi a Lei das XII Tábuas. Depois veio a Lex Aquilia, que implantou o elemento culpa e a responsabilidade extracontratual e, em vez da vítima causar o mesmo dano ao agressor, criou uma pena pecuniária para o ofensor[72].

Os contornos atuais da responsabilidade civil se deram no direito francês, o Código de Napoleão consagrou a responsabilidade civil fundada na culpa, que se espalhou pela legislação mundial. Então, o Brasil adotou a responsabilidade civil subjetiva, fundada na culpa, como regra geral. Com o desenvolvimento industrial, o número de danos foi aumentando, não sendo mais suficiente apenas a responsabilidade civil baseada na culpa, e surgiu a responsabilidade civil objetiva, pela qual não se averigua a culpa, simplesmente a ocorrência do dano[73].

Explica Athias, o motivo dessa transição nas seguintes palavras:

> O grau de complexidade da vida moderna e a interdependência crescente entre as pessoas, mormente nos grandes conglomerados urbanos, a exploração de recursos naturais e os processos de agigantamento das atividades empresariais, a sempre crescente participação do Estado quer na economia, quer atuando com vistas ao atendimento das necessidades públicas, tudo isso, e outra dezena de fatores que poderiam ser enumerados, concorreram para a ampliação de situações onde as pessoas eventualmente fossem lesadas, mas onde era impossível definir com precisão a culpa do agente causador do dano. Reconhecia-se a existência deste, reconhecia-se que alguém havia sido lesado, todavia permanecia a vítima indene pela impossibilidade de se apontar com segurança o requisito da culpa do agente[74].

Como observa Vianna, o Código Civil de 1916, seguindo as premissas do Código de Napoleão de 1804, veio disciplinar em seu artigo 159, a responsabilidade civil, nos seguintes termos: "Aquele que, por ação ou omissão voluntária, negligência ou imprudência, violar direito ou causar prejuízo a outrem, fica obrigado a reparar o dano". Nessa época, a responsabilidade objetiva era vista de maneira tímida, apenas nas atividades de risco, como as nucleares[75].

O Código Civil de 2002, em seu artigo 186, conclamou que "Aquele que, por ação ou omissão voluntária, negligência ou imprudência, violar direito e causar dano a outrem, ainda que exclusivamente moral, comete ato ilícito", acompanhando linha de raciocínio do dispositivo legal anterior. Com base nesses dois dispositivos legais, conclui-se que para a efetivação da indenização é necessário o concurso dos seguintes elementos: conduta omissiva ou comissiva, culpa, nexo de causalidade e dano[76].

Com a evolução da doutrina e da jurisprudência, e o desenvolvimento da sociedade, como exposto alhures, a responsabilidade civil objetiva se consagrou e veio disciplinada no Código Civil de 2002, em seu artigo 927, parágrafo único, que disciplina:

> Art. 927. Aquele que, por ato ilícito (arts. 186 e 187), causar dano a outrem, é obrigado a repará-lo.
>
> Parágrafo único. Haverá a obrigação de reparar o dano,

idependentemente de culpa, nos casos especificados em lei, ou quando a atividade normalmente desenvolvida pelo autor do dano implicar, por sua natureza, risco para os direitos de outrem[77].

O Código Civil atual trouxe uma inovação em seu artigo 927, parágrafo único, que preceitua a obrigação de reparar o dano, independentemente de culpa, nos casos específicos em lei, ou quando a atividade normalmente desenvolvida pelo autor do dano implicar, por sua natureza, risco para o direito de outrem.

Dentro da seara da responsabilidade civil, o que se busca é garantir o direito do lesado de ver ressarcir o seu prejuízo pelo ofensor que deverá repará-lo, seja na responsabilidade subjetiva ou na responsabilidade objetiva.

Com a Constituição Federal de 1988, a responsabilidade civil ambiental veio disciplinada no artigo 225, § 3º, e determinou que o agente causador do dano, poderá responder civilmente, assim como penalmente e administrativamente[78].

Na seara ambiental, verifica-se, na Lei 6.938/1991, a responsabilidade objetiva do poluidor, aquela que independe de culpa, por danos causados ao meio ambiente e a terceiros, afetados por sua atividade[79].

Depois com a vigência da Lei 12.305/2010, que disciplina a política nacional de resíduos sólidos, instituiu a responsabilidade compartilhada pelo ciclo de vida do produto, podendo, com a aplicação cumulativa da Lei 6.938/1981, responsabilizar civilmente todos os agentes participantes, sejam fabricantes, importadores, distribuidores, comerciantes, consumidores e titulares dos serviços públicos de limpeza urbana e do manejo dos resíduos sólidos. Todos com suas atribuições individualizadas, de acordo com sua atividade.

IV.2 - OS ELEMENTOS DA RESPONSABILIDADE CIVIL

De acordo com o artigo 186 do Código Civil atual, os elementos da responsabilidade civil são: conduta omissiva ou comissiva, culpa, nexo de causalidade e dano[80].

Como diz Tonani, a ação, que pode ser comissiva ou omissiva, em regra geral, decorre de ato ilícito, isto é, a obrigação de indenizar é proveniente do descumprimento de uma cláusula contratual (obrigação contratual) ou de lei (obrigação extracontratual). Acrescenta que o elemento culpa corresponde a violação de um direito por negligência, imprudência ou imperícia, sendo que a relação de causalidade é a relação de causa e efeito entre a ação ou omissão do agente e o dano verificado[81].

Acrescenta Oliveira Filho, que o nexo de causalidade corresponde a relação de causalidade surgida entre o agente que praticou o ato lesivo e o prejuízo sofrido pela vítima (dano), desencadeia o dever de indenização, gerando a responsabilidade civil. Além da necessidade da ocorrência do dano, este deverá ter atingido o patrimônio da vítima ou sua moral para o nascimento do dever de indenização[82].

Na incidência da responsabilidade civil ambiental, se verá que não se aplicará mais a culpa, como elemento essencial, passando a modalidade objetiva.

IV.3- A RESPONSABILIDADE CIVIL OBJETIVA AMBIENTAL

Inicialmente, verifica-se que a responsabilidade por danos causados ao meio ambiente é prevista na Constituição da República, em seu artigo 225, § 3º, admitindo a incidência cumulativa na esfera civil, na penal e na administrativa[83].

Complementa Silva, que a responsabilidade fundada na culpa, a vítima precisa provar não só a existência do nexo entre o dano e a atividade danosa, como também, especialmente, a culpa do agente. Na responsabilidade objetiva por dano ambiental bastam a existência do dano e nexo causal com a fonte poluidora ou degradadora[84].

Tonani afirma que para efeitos da responsabilidade civil objetiva, é suficiente a comprovação do dano, da ação ou omissão e do nexo e causalidade entre eles, independentemente da culpa. Em se tratando de responsabilidade civil por danos ambientais, o legislador prevê a forma objetiva, pela qual é desnecessária a busca de ilicitude na conduta descrita, sendo suficiente a prova da ação (comissiva ou omissiva) do dano e da relação de causalidade entre ambos[85].

O dano ambiental se constituí em uma alteração indesejável ao meio ambiente, ou uma lesão ao direito ao meio ambiente ecologicamente equilibrado.

Segundo os ensinamentos de Leite e Ayala, o dano ambiental:

> Deve ser compreendido como toda lesão intolerável causada por qualquer ação humana (culposa ou não) ao meio ambiente, diretamente, como macrobem de interesse da coletividade, em uma concepção totalizante, e indiretamente, a terceiros, tendo em vista interesses próprios e individualizáveis e que refletem no macrobem[86].

Quando houver dano ao meio ambiente, observa Reis, a primeira forma de reparação seria a recomposição, o que corresponde a restauração do patrimônio lesado. Esta forma objetiva compor a situação anterior ao dano, a reconstituição do bem ambiental original. Se ocorrerem danos irreversíveis, quando não há possibilidade de restaurar o bem ambiental em sua totalidade, a forma adequada será a de compensação, isto é, compensar o patrimônio ambiental original com um patrimônio equivalente, com o objetivo de restabelecer o equilíbrio ecológico, de acordo com o princípio do poluidor-pagador.

A última solução, quando não for possível a recomposição ou a compensação, seria a de indenização em pecúnia[87]. Conforme a Lei 6.938/81, se a indenização for para reparação de interesses difusos, como o meio ambiente, será destinado ao Fundo para Reconstituição de Bens Lesados.

Constata-se que os elementos da responsabilidade civil vão tendo outra interpretação, quando se trata de danos ao meio ambiente, de difícil quantificação, podendo implicar em extinção de uma espécie, por exemplo, o que realça a importância da aplicação do princípio da prevenção.

IV.4- A RESPONSABILIDADE CIVIL AMBIENTAL PÓS-CONSUMO

A responsabilidade pós-consumo está plenamente vinculada à existência de uma relação de consumo travada anteriormente. O bem inutilizado após o consumo poderá ser devolvido para a cadeia produtiva ou terá destinação ambientalmente adequada. É importante internalizar os custos da gestão dos produtos, para sua coleta e destinação ambientalmente adequada, após terem sido consumidos, assim preserva-se a saúde e o meio ambiente. Esta responsabilidade é um instrumento de proteção de direitos difusos e coletivos e de tutela do meio ambiente.

Esta responsabilidade pós-consumo é compartilhada, todos os agentes devem se preocupar em dar destinação adequada para o resíduo para que não haja danos ambientais, conforme artigo 3º, inciso XVII, da Lei da Política Nacional de Resíduos Sólidos, que assim dispõe:

> XVII- responsabilidade compartilhada pelo ciclo de vida dos produtos: conjunto de atribuições individualizadas e encadeadas dos fabricantes, importadores, distribuidores e comerciantes, dos consumidores e dos titulares dos serviços públicos de limpeza urbana e de manejo dos resíduos sólidos, para minimizar o volume de resíduos sólidos e rejeitos gerados, bem como para reduzir os impactos causados à saúde humana e à qualidade ambiental decorrentes do ciclo de vida dos produtos, nos termos da lei[88].

O ciclo de vida do produto envolve várias etapas, desde o desenvolvimento do produto até a disposição final (artigo 3º, IV), da sua fabricação até sua destinação final. É essencial que os produtores e importadores sejam responsabilizados pelos produtos que colocam no mercado, e sua destinação, principalmente dos resíduos perigosos, para não expor a sociedade em risco inerente aos próprios resíduos.

Assim é possível atribuir aos fabricantes e aos importadores a destinação final ambientalmente adequada, e aos distribuidores e aos comerciantes a devolução do objeto ou resíduos para que os fabricantes e os distribuidores cuidem da destinação final.

Portanto, os fabricantes, os distribuidores e importadores devem ser responsabilizados pelo ciclo total de suas mercadorias, destinando corretamente os resíduos. Se o fizer de forma inadequada, os produtos serão fonte de poluição para o meio ambiente, e acarretarão ônus ao poder público.

Segundo Lemos, essa responsabilidade pós-consumo tem função compensatória e preventiva. É compensatória, pois seu objetivo é de não deixar a vítima do dano desamparada, e sim reparar o ato lesivo e preventiva, pois seu fim é de se antecipar aos acontecimentos danosos, prevenindo[89].

Milaré defende que a responsabilidade disciplinada na Lei nº 12.305/2010, independente de culpa dos agentes, por ação ou omissão, deverão reparar os danos causados e poderão sofrer outras sanções penais e administrativas[90].

Reis identifica os três elementos da responsabilidade civil ambiental objetiva, que são o dano o nexo causal e o agente. O nexo causal permite apontar a responsabilidade, tendo em vista a desnecessidade de se identificar a culpa do agente. Quando se trata da responsabilidade civil ambiental pós-consumo, que visa a proteção de direitos difusos e coletivos, o afastamento do nexo causal natural é essencial, pela grande extensão entre a conduta e o dano provocado pelos resíduos. A causalidade adotada é a jurídica e não fática, com base na teoria do escopo da norma jurídica violada. A teoria aponta a escolha de danos reparáveis, com base nos interesses reais que a norma vida tutelar, sendo a existência do nexo, uma questão mais jurídica, do que fática[91].

A lei da política nacional de resíduos sólidos possui forte função preventiva, e em seu artigo 31 traz verdadeiras obrigações de fazer, para que não haja ocorrência de danos ambientais. Por exemplo, os fabricantes, importadores, distribuidores e comerciantes devem investir no desenvolvimento de produtos, que após o uso pelo consumidor, sejam aptos à reutilização, à reciclagem ou a outra forma ambientalmente adequada[92]. Esta conduta é consonante ao princípio do poluidor pagador, pois se preocupa em desenvolver e investir em produtos que poderão ser reaproveitados na cadeia produtiva, e consequentemente reduz a produção de resíduos, se evita o desperdício de materiais, poluição e danos ambientais. Por outro lado, demanda investimentos em novas tecnologias para desenvolver produtos sustentáveis e incentivos fiscais, conforme artigo 7º, inciso IV, da lei mencionada.

Os danos ambientais decorrentes do descarte irregular de resíduos no ambiente pode ser uma potencial ofensa ao equilíbrio ecológico. É essencial internalizar os custos ambientais no processo produtivo da empresa, para evitar o descarte inadequado de resíduos pós-consumo, e assim evitar danos ambientais, nos parâmetros do princípio do poluidor pagador.

Os fabricantes, importadores, distribuidores e comerciantes também devem, com base também no artigo 31, inciso II, divulgar, para a sociedade, as formas de evitar, reciclar e eliminar os resíduos sólidos associados aos seus produtos. Esta obrigação de fazer coaduna com o princípio da informação, e a sociedade deve participar do ciclo de vida do produto, e não provocar danos ao meio ambiente.

O artigo 33 desta lei determina uma obrigação de fazer, para os fabricantes, importadores, distribuidores e comerciantes, que devem implementar sistema de logística reversa para que os produtos retornem, após o uso pelo consumidor, de forma independe os serviços públicos de limpeza urbana e manejo de resíduos sólidos. Alguns produtos sujeitos à logística reversa são: agrotóxicos, seus resíduos e embalagens, pilhas e baterias, pneus, óleos lubrificantes, seus resíduos e embalagens, lâmpadas fluorescentes de vapor e sódio e mercúrio e de luz mista e produtos eletroeletrônicos e seus componentes. A logística reversa, conforme artigo 3º, inciso XII desta lei significa:

> instrumento de desenvolvimento econômico e social caracterizado por um conjunto e ações, procedimentos e meios destinados a viabilizar a coleta e a restituição dos resíduos sólidos ao setor empresarial, para reaproveitamento, em seu ciclo, ou em outros ciclos produtivos, ou outra destinação final ambientalmente adequada[93].

Como diz Tonani a incidência da responsabilidade compartilhada dos diversos sujeitos acaba possibilitando o aproveitamento de resíduos sólidos, direcionando-os para a sua cadeia produtiva ou promove a diminuição de sua produção, a redução de desperdício de materiais, da poluição e dos danos ambientais[94].

Segundo Tonani, a realização de termos de compromisso que são firmados entre o Poder Público e as empresas, com o objetivo de que a logística reversa seja também estendida a produtos comercializados em embalagens plásticas, metálicas ou de vidro, tendo em vista o grau e a extensão do impacto à saúde pública e ao meio ambiente dos resíduos gerados. O período de decomposição de resíduos de embalagem é muito extenso, sendo que possuí efeitos negativos[95].

Segundo Milaré, o consumidor também é considerado agente na responsabilidade compartilhada pós-consumo, e conforme artigo 28 desta lei, cessa a sua responsabilidade, quando destina de forma adequada seus resíduos, inclusive aqueles sujeitos à logística reversa, nos casos do artigo 33, que deve proceder sua respectiva devolução ao fabricante, distribuidor, importador ou comerciante[96]. Cabe definir o consumidor como a pessoa que tem a posse sobre os resíduos, provenientes de seu consumo. Após o uso do produto, deve separá-lo do material orgânico, para destinar para reciclagem, ou devolvê-lo para sua origem, quando se trata de produtos sujeitos à logística reversa.

O instrumento da logística reversa é essencial para a política nacional de resíduos sólidos, e por meio de sistemas implementadores, é possível coletar os resíduos, para que retornem aos ciclos produtivos, ou serem servíveis, como material reciclável, ou outra destinação ambientalmente adequada.

O Panorama dos Resíduos Sólidos no Brasil, feito pela Associação Brasileira de Empresas de Limpeza Pública e Resíduos Especiais (ABRELPE/2019) apresenta informações sobre o sistema de logística reversa, desenvolvido no Brasil, com dados entre 2017 e 2018[97].

Em relação às embalagens de defensivos agrícolas, o Panorama informa, com base em informações do Sistema Campo Limpo, cuja finalidade é realizar o sistema de logística reversa de embalagens vazias de defensivos agrícolas em todas as regiões do Brasil, que em 2018, o sistema processou 44.261 toneladas de embalagens vazias de defensivos agrícolas, representando 94% do total de produtos desse tipo comercializados em território brasileiro. Acrescenta que o peso do material recuperado diminuiu 0,6% em relação ao material do ano anterior.

As embalagens de óleos lubrificantes e de óleo lubrificante usado ou contaminado, com base em informações do Instituto Jogue Limpo, que abrange 17 unidades da federação, cobre 4.249 municípios, com 44.434 geradores cadastrados, recebeu, em 2018, 4.774 toneladas de embalagens plásticas, equivalentes a 95,48 milhões de recipientes. Do total, 4.674 toneladas foram destinadas de forma ambientalmente adequada, das quais 4.568 foram recicladas.

Quanto às informações sobre logística reversa de pneus inservíveis, os dados do Panorama foram coletados da entidade gerenciadora, a Reciclanip, com atuação em todo o território nacional, com pontos de coleta obrigatórios em municípios com população acima de 100 mil habitantes, conforme determinação da Resolução do CONAMA 416/2019. Em 2017, foram coletados 458.000, um aumento de 0,22% comparado ao ano de 2016.

Em relação às lâmpadas fluorescentes de vapor de sódio e mercúrio e de luz mista, o sistema de logística reversa está sob a responsabilidade da Associação Brasileira para a Gestão de Logística Reversa de Produtos de Iluminação (Reciclus), organização sem fins lucrativos, presente em 33 cidades de 25 estados do país, que em 2017, tinha 304 pontos de coletas instalados espalhados pelo Brasil. Em 2017, 296.364 lâmpadas tiveram sua destinação ambientalmente adequada, o que equivale a 44 toneladas de material corretamente reciclado.

Conclui-se que a logística reversa é um instrumento eficiente para a responsabilidade civil ambiental pós-consumo na destinação de resíduos sólidos, porém ainda precisa ser bastante desenvolvida. O retorno do produto a cadeia produtiva evita o consumo de matérias primas virgens e diminui os riscos de contaminação do meio ambiente.

V - CONSIDERAÇÕES FINAIS

Os resíduos sólidos se constituem em passivos ambientais oriundos do consumismo, que dispostos inadequadamente, podem provocar danos ambientais.

A política nacional de resíduos sólidos, instituída pela lei 12.305/2010, apresenta vários instrumentos para o gerenciamento destes resíduos, inclusive a responsabilidade compartilhada pelo ciclo de vida do produto. Esta responsabilidade pode ser atribuída a todos que auferem lucros e benefícios com a produção de bens e mercadorias, e com seu consumo, portanto aplica-se para fabricantes, importadores, distribuidores, comerciantes, consumidores e titulares de serviços públicos de limpeza, cada um com seus deveres na cadeia produtiva.

A função preventiva desta responsabilidade compartilhada pós-consumo implica na destinação ambientalmente adequada dos resíduos, para que não haja nenhum dano ambiental ou prejuízo à saúde. A lei traz uma ordem de prioridade na destinação, que corresponde a não geração, redução, reutilização, reciclagem, tratamento de resíduos sólidos e disposição final ambientalmente adequada dos rejeitos. Destaca-se a recuperação energética como destinação ambientalmente adequada e que deveria ser mais desenvolvida, uma vez que os aterros sanitários são construídos para receberem rejeitos, e, assim, aumentaria sua vida útil.

A política nacional de resíduos sólidos, ao se basear em prevenção de danos, está em conformidade com a responsabilidade civil ambiental. Primeiro atua-se na esfera preventiva e, com a ocorrência do dano, passa-se a compensatória. A flexibilização do nexo causal na responsabilidade pós-consumo é necessária, a ausência de liame de causalidade lógica, científica, fática e atual não deve prejudicar a determinação de reparação de danos decorrentes de disposição irregular de resíduos e de aplicação de medidas preventivas.

O meio ambiente é bem de uso comum do povo e fundamental, indispensável a vida, não podendo ficar exposto às ações do homem, inclusive de destinação irregular de resíduos e disposição irregular de rejeitos. A política nacional de resíduos sólidos foi instituída para melhorar o gerenciamento de resíduos, delinear os deveres de cada agente, participante do ciclo de vida do produto, e sua responsabilidade, como disciplinar a destinação ambientalmente adequada, porém precisa ser objeto de monitoramento e avaliação constante para ser melhor implementada e efetiva.

BIBLIOGRAFIA

ABRELPE. **Panorama dos Resíduos Sólidos no Brasil (2018/2019)**. Disponível em: < http://abrelpe.org.br/download-panorama-2018-2019/>. Acesso em 24 de nov. 2019.

ANCAT. **Anuário de Reciclagem (2017/2018)**. Disponível em: < https://ancat.org.br/wp-content/uploads/2019/09/Anua%CC%81rio-da-Reciclagem.pdf>. Acesso em 28 de dez. 2019.

ANEEL. **Atlas de Energia Elétrica do Brasi**l, 2008, p. 67. Disponível em:< https://www.aneel.gov.br/ documents/656835/14876406/2008_AtlasEnergiaEletricaBra-sil3ed/297ceb2e-16b7-514d-5f19-16cef60679fb>. Acesso em 24 de nov. 2019.

ANTUNES, Paulo de Bessa. Direito ambiental. Rio de Janeiro: Lumen Juris, 2009.

ATHIAS, Jorge Alex Nunes. Responsabilidade Civil e Meio-Ambi-ente- Breve Panorama do Direito Brasileiro. In: **Dano Ambiental. Prevenção, Reparação e Repressão**. Coord. Benjamin. São Paulo: Revista dos Tribunais, 1993.

BENJAMIN, Antônio Herman V. O Princípio Poluidor-Pagador e a Reparação do Dano Ambiental. In: **Dano Ambiental. Prevenção, Reparação e Repressão.** Coord. Benjamin. São Paulo: Revista dos Tribunais, 1993.

BIANCO, Carolina Ibelli; GUERMANDI, Júlia Inforzato; SIMÕES, André Luis Gomes. Tratamento: Compostagem. In: SCHALCH, Valdir *et all*. **Resíduos Sólidos: Conceitos, Gestão e Gerencia-mento**. 1ª ed. Rio de Janeiro: Elsevier, 2019.

BRASIL. **Política Nacional do Meio Ambiente.** Lei nº 6.938, de 31 de agosto de 1981- Publicação original. Consulta disponível em: < http://www.planalto.gov.br/ccivil_03/LEIS/L6938.htm>. Acesso em 22 de dez. 2019.

BRASIL. **Constituição da República Federativa do Brasil.** Consulta disponível em: < http://www.planalto.gov.br/ccivil_03/ constituicao/constituicao.htm>. Acesso em 22 de dez. 2019.

BRASIL. Ministério do Meio Ambiente. **Conferência de Es-tocolmo.** Consulta disponível em <http://?www.mma.gov.br/es-truturas/agenda21/_arquivos/Estocolmo.doc> Acesso em: 22 de dez. 2019.

BRASIL. **Declaração do Rio de Janeiro sobre Meio Ambiente e De-senvolvimento de 1992**. Consulta disponível em: <http:// www.meioambiente.pr.gov.br/arquivos/File/agenda21/ Declaracao_Rio_Meio_Ambiente_Desenvolvimento.pdf>. Acesso em 22 de dez. 2019.

BRASIL. Ministério do Meio Ambiente. **Agenda 21**. Consulta disponível em:< https://www.mma.gov.br/responsabilidade-socioambiental/agenda-21/agenda-21-global.html >. Acesso em 22 de dez. 2019.

BRASIL. **Política Nacional de Resíduos Sólidos.** Lei nº 12.305, de 02 de agosto de 2010- Publicação original. Consulta disponível em: < http://www.planalto.gov.br/ccivil_03/_ato2007-2010/2010/lei/l12305.htm>. Acesso em 22 de dez. 2019.

BRASIL. Ministério das Cidades. **Probiogás. Tecnologias de Digestão Anaeróbia com Relevância para o Brasil.** Disponível em: <http://www.cidades.gov.br/images/stories/ArquivosSNSA/probiogas/probiogas-tecnologias-biogas.pdf>. Acesso em 25 de nov. 2019.

BRASIL, **Resolução CONAMA nº 316/2002**. Disponível em: < http://www2.mma.gov.br/port/conama/legiabre.cfm?codlegi=338>. Acesso em 20 de dez. 2019.

BRASIL. **Código Civil.** Lei nº 10.406, de 10 de janeiro de 2002. Disponível em:< http://www.planalto.gov.br/ccivil_03/leis/2002/l10406.htm>. Acesso em 22 dez. 2019.

CUSTÓDIO, Helita Barreira. A Declaração do Rio/92: Conteúdo e Impacto sobre os Direitos Nacionais. In: **Dano Ambiental: Prevenção, Reparação e Repressão**. Benjamin (coord.). São Paulo: Revista dos Tribunais, 1993.

FILHO, Nagib Slaibi; ALVES, Geraldo Magela (atualiz.). **DE PLÁCIDO E SILVA. Vocabulário Jurídico.** Rio de Janeiro: Forense, 2002.

FILHO, Ari Alves de Oliveira. **Responsabilidade Civil Em Face Dos Danos Ambientais.** Rio de Janeiro: Forense, 2009.

FILHO, Sérgio Cavalieri. Programa de Responsabilidade Civil. São Paulo: Malheiros Editores, 2004.

FIORILLO, Celso Antonio Pacheco; RODRIGUES, Marcelo Abelha. **Manual de Direito Ambiental e Legislação Aplicável.** São Paulo: Max Limonad, 1997.

FIORILLO, Celso Antonio Pacheco. **Curso de Direito Ambiental Brasileiro**. São Paulo: Saraiva, 2009.

GOLDEMBERG, José; LUCON, Osvaldo. **Energia, Meio Ambiente &**

Desenvolvimento. 3ª ed.rev. e ampl. São Paulo: Universidade de São Paulo, 2011.

KALOGIROU, Efstratious N. **Waste-to-Energy Technologies and Global Applications.** CRC Press: New York, 2018

LEITE, José Rubens Morato; AYALA, Patryck de Araújo. **DANO AMBIENTAL Do individual ao coletivo extrapatrimonial. Teoria e Prática.** São Paulo: Revista dos Tribunais, 2011.

LEMOS, Patrícia Faga Iglecias. **RESÍDUOS SÓLIDOS E RESPONSABILIDADE PÓS-CONSUMO.** São Paulo: Revista dos Tribunais, 2011.

_____, **Responsabilidade Civil Por Dano Ao Meio Ambiente.** São Paulo: Juarez de Oliveira, 2003.

MACHADO, Paulo Affonso Leme. **Direito Ambiental Brasileiro.** São Paulo: Malheiros Editores, 2007.

MARCHESAN, Ana Maria Moreira; STEIGLEDER, Annelise Monteiro; CAPPELLI, Sílvia. **Direito ambiental**. São Paulo: Verbo Jurídico, 2007.

MEDAUAR, Odete (org.). **Coletânea de Legislação Ambiental.** São Paulo: Revista dos Tribunais, 2011.

MELLO, Celso Antônio Bandeira de. **Curso de Direito Administrativo**. São Paulo: Malheiros Editores, 2008.

MILARÉ, Édis. **DIREITO AO AMBIENTE. A Gestão Ambiental em foco Doutrina. Jurisprudência. Glossário.** São Paulo: Revista dos Tribunais, 2011.

MOTA, Maurício. O Conceito de natureza e a reparação das externalidades ambientais negativas. In: **Fundamentos Teóricos do Direito Ambiental.** Coord: Mota. Rio de Janeiro: Elsevier, 2008.

PISANI JÚNIOR, Reinaldo. Tratamento Térmico de Resíduos Sólidos. In: In: SCHALCH, Valdir _et all._ **Resíduos Sólidos: Conceitos, Gestão e Gerenciamento**. 1ª ed. Rio de Janeiro: Elsevier, 2019.

REIS, Carolina Piwowarczyk. **Política Nacional de Resíduos Sólidos e Responsabilidade Civil Pós-Consumo.** In: Anais da IX Jornada Luso-Brasileira de Direito do Ambiente (volume III). Consulta disponível em: <http://www.geamausp.com.br/pdfs/42a816a6e3a902def70dd0fbfb1363ed.pdf#page=41>.

Acesso em 26 de dez. 2019.

SAMPAIO, Francisco José Marques. Evolução da Responsabilidade Civil e Reparação do Danos Ambientais. Rio de Janeiro: Renovar, 2003.

SILVA, José Afonso da. **Direito Ambiental Constitucional.** São Paulo: Malheiros Editores, 2007.

SIRVINKAS, Luís Paulo. **Manual de Direito Ambiental**. São Paulo: Saraiva, 2003.

TONANI, Paula. **Responsabilidade Decorrente Da Poluição Por Resíduos Sólidos**. São Paulo: Método, 2011.

VIANNA, José Ricardo Alvarez. **Responsabilidade Civil por Danos ao Meio Ambiente.** Paraná: Juruá, 2004.

WERNER, Patrícia. Direito ao Meio Ambiente Equilibrado, Direito à Saúde, Políticas Públicas e Participação Popular: Educar pela Construção do Sentimento de um Projeto Constitucional. In: **O DIREITO AMBIENTAL NA ATUALIDADE.** Estudos em Homenagem à Guilherme José Purvin de Figueiredo. Coord: Marcelo Buzaglo Dantas e outros. Rio de Janeiro: Lumen Juris, 2010.

---

[1]SILVA, José Afonso da. **Direito Ambiental Constitucional.** São Paulo: Malheiros Editores, 2007, p. 20.

[2]BRASIL. **Política Nacional do Meio Ambiente.** Lei nº 6.938, de 31 de agosto de 1981- Publicação original. Consulta disponível em: < http://www.planalto.gov.br/ccivil_03/LEIS/L6938.htm>. Acesso em 22 de dez. 2019.

[3]BRASIL. **Constituição da República Federativa do Brasil.** Consulta disponível em: < http://www.planalto.gov.br/ccivil_03/constituicao/constituicao.htm>. Acesso em 22 de dez. 2019.

[4]LEITE, José Rubens Morato; AYALA, Patryck de Araújo. **DANO AMBIENTAL Do individual ao coletivo extrapatrimonial. Teoria e Prática.** São Paulo: Editora Revista dos Tribunais, 2011, p.85.

[5]FIORILLO, Celso Antonio Pacheco; RODRIGUES, Marcelo Abelha. **Manual de Direito Ambiental e Legislação Aplicável.** São Paulo: Editora Max Limonad, 1997, p.81.

[6] SILVA, José Afonso da. **Direito Ambiental Constitucional**. São Paulo: Malheiros Editores, 2007, p. 58.

[7]BRASIL. Ministério do Meio Ambiente. **Conferência de Estocolmo.** Consulta disponível em <http:/?www.mma.gov.br/estruturas/agenda21/_arquivos/Estocolmo.doc> Acesso em: 22 de dez. 2019.

[8]Brasil. **Declaração do Rio de Janeiro sobre Meio Ambiente e Desenvolvimento de 1992**. Consulta disponível em: <http://www.meioambiente.pr.gov.br/arquivos/File/agenda21/
Declaracao_Rio_Meio_Ambiente_Desenvolvimento.pdf>. Acesso em 22 de dez. 2019.

[9]CUSTÓDIO, Helita Barreira. A Declaração do Rio/92: Conteúdo e Impacto sobre os Direitos Nacionais. *In:* **DANO AMBIENTAL: PREVENÇÃO, REPARAÇÃO E REPRESSÃO.** Antonio Herman V. Benjamin (coord.), 1993, p. 95.

[10]LEITE, José Rubens Morato; AYALA, Patryck de Araújo. **DANO AMBIENTAL Do individual ao coletivo extrapatrimonial. Teoria e Prática.** São Paulo: Editora Revista dos Tribunais, 2011, p.90.

[11]BRASIL. Ministério do Meio Ambiente. **Agenda 21**. Consulta disponível em:< https://www.mma.gov.br/responsabilidade-socioambiental/agenda-21/agenda-21-global.html >. Acesso em 22 de dez. 2019.

[12]FIORILLO, Celso Antonio Pacheco. **Curso de Direito Ambiental Brasileiro.** São Paulo: Editora Saraiva, 2009, p. 28/29.

[13]BRASIL. **Constituição da República Federativa do Brasil.** Consulta disponível em: < http://www.planalto.gov.br/ccivil_03/constituicao/constituicao.htm>. Acesso em 22 de dez. 2019.

[14]MILARÉ, Édis. **DIREITO AO AMBIENTE A Gestão Ambiental em foco Doutrina. Jurisprudência.** Glossário. São Paulo: Editora Revista dos Tribunais, 2001,p. 92.

[15]MARCHESAN, Ana Maria Moreira; STEIGLEDER, Annelise Monteiro; CAPPELLI, Silvia. **Direito Ambiental.** São Paulo: Editora Verbo Jurídico, 2007, p. 37.

[16]BRASIL. **Declaração do Rio de Janeiro sobre Meio Ambiente e Desenvolvimento de 1992**. Consulta disponível em: <http://www.meioambiente.pr.gov.br/arquivos/File/agenda21/
Declaracao_Rio_Meio_Ambiente_Desenvolvimento.pdf>. Acesso em 22 de dez. 2019.

[17]BRASIL. **Constituição da República Federativa do Brasil.** Consulta disponível em: < http://www.planalto.gov.br/ccivil_03/constituicao/constituicao.htm>. Acesso em 22 de dez. 2019.

[18]BRASIL. **Política Nacional do Meio Ambiente.** Lei nº 6.938, de 31 de agosto de 1981- Publicação original. Consulta disponível em: < http://www.planalto.gov.br/ccivil_03/LEIS/L6938.htm>. Acesso em 22 de dez. 2019.

[19]BRASIL. **Política Nacional de Resíduos Sólidos.** Lei nº 12.305, de 02 de agosto de 2010- Publicação original. Consulta disponível em: < http://www.planalto.gov.br/ccivil_03/_ato2007-2010/2010/lei/l12305.htm>. Acesso em 22 de dez. 2019.

[20]Idem.

[21] WERNER, Patrícia. Direito ao Meio Ambiente Equilibrado, Direito à Saúde, Políticas Públicas e Participação Popular: Educar pela Construção do Sentimento

de um Projeto Constitucional. In: **O DIREITO AMBIENTAL NA ATUALIDADE.** Estudos em Homenagem à Guilherme José Purvin de Figueiredo. Coord: Marcelo Buzaglo Dantas e outros. Rio de Janeiro: Editora Lumen Juris, 2010, p. 432.

[22]MELLO, Celso Antônio Bandeira de. **Curso de Direito Administrativo.** São Paulo: Malheiros Editores, 2008, p. 802.

[23]BENJAMIN, Antônio Herman V. O Princípio Poluidor-Pagador e a Reparação do Dano Ambiental. In: **Dano Ambiental. Prevenção, Reparação e Repressão**. Coord. Benjamin. Editora Revista dos Tribunais, 1993, p.228.

[24]Brasil. **Declaração do Rio de Janeiro sobre Meio Ambiente e Desenvolvimento de 1992**. Consulta disponível em: <http://www.meioambiente.pr.gov.br/ arquivos/File/agenda21/ Declaracao_Rio_Meio_Ambiente_Desenvolvimento.pdf>. Acesso em 22 de dez. 2019.

[25]BENJAMIN, Antônio Herman V. O Princípio Poluidor-Pagador e a Reparação do Dano Ambiental. In: **Dano Ambiental. Prevenção, Reparação e Repressão**. Coord. Benjamin. Editora Revista dos Tribunais, 1993, p.228.

[26]MOTA, Maurício. O Conceito de natureza e a reparação das externalidades ambientais negativas. In: **Fundamentos Teóricos do Direito Ambiental.** Coord: Mota. Rio de Janeiro: Editora Elsevier, 2008, p. 21.

[27]FIORILLO, Celso Antônio Pacheco. **Curso de Direito Ambiental Brasileiro.** São Paulo: Editora Saraiva, 2009, p. 37.

[28]BRASIL. **Constituição da República Federativa do Brasil.** Consulta disponível em: < http://www.planalto.gov.br/ccivil_03/constituicao/constituicao.htm>. Acesso em 22 de dez. 2019.

[29]BRASIL. **Política Nacional de Resíduos Sólidos.** Lei nº 12.305, de 02 de agosto de 2010- Publicação original. Consulta disponível em: < http:// www.planalto.gov.br/ccivil_03/_ato2007-2010/2010/lei/l12305.htm>. Acesso em 22 de dez. 2019.

[30]LEMOS, Patrícia Faga Iglecias. **RESÍDUOS SÓLIDOS E RESPONSABILIDADE PÓS-CONSUMO.** São Paulo: Editora Revista dos Tribunais, 2011, p. 63.

[31]BRASIL. Ministério do Meio Ambiente. **Conferência de Estocolmo.** Consulta disponível em <http:/?www.mma.gov.br/estruturas/agenda21/_arquivos/Esto-colmo.doc> Acesso em: 03 jul. 2018.

[32]BRASIL. **Constituição da República Federativa do Brasil.** Consulta disponível em: < http://www.planalto.gov.br/ccivil_03/constituicao/constituicao.htm>. Acesso em 22 de dez. 2019.

[33]FIORILLO, Celso Antonio Pacheco. **Curso de Direito Ambiental Brasileiro.** São Paulo: Editora Saraiva, 2009, p. 55.

[34]MARCHESAN, Ana Maria Moreira; STEIGLEDER, Annelise Monteiro; CAPPELLI, Sílvia. **Direito Ambiental**. São Paulo: Editora Verbo Jurídico, 2007, p. 37.

[35]LEMOS, Patrícia Faga Iglecias. **RESÍDUOS SÓLIDOS E RESPONSABILIDADE PÓS-CONSUMO**. São Paulo: Editora Revista dos Tribunais, 2011, p. 67.

[36]LEMOS, Patrícia Faga Iglecias. **RESÍDUOS SÓLIDOS E RESPONSABILIDADE PÓS-CONSUMO**. São Paulo: Editora Revista dos Tribunais, 2011, p. 67.

[37]MACHADO, Paulo Affonso Leme. **Direito Ambiental Brasileiro**. São Paulo: Malheiros Editores, 2007, p.65.

[38]BRASIL. **Declaração do Rio de Janeiro sobre Meio Ambiente e Desenvolvimento de 1992**. Consulta disponível em: <http://www.meioambiente.pr.gov.br/arquivos/File/agenda21/
Declaracao_Rio_Meio_Ambiente_Desenvolvimento.pdf>. Acesso em 22 de dez. 2019.

[39]MACHADO, Paulo Affonso Leme. **Direito Ambiental Brasileiro**. São Paulo: Malheiros Editores, 2007, p.74-75.

[40]LEMOS, Patrícia Faga Iglecias. **RESÍDUOS SÓLIDOS E RESPONSABILIDADE PÓS-CONSUMO**. São Paulo: Editora Revista dos Tribunais, 2011, p. 71-73

[41]MACHADO, Paulo Affonso Leme. **Direito Ambiental Brasileiro**. São Paulo: Malheiros Editores, 2007, p.561.

[42]TONANI, Paula. **Responsabilidade Decorrente Da Poluição Por Resíduos Sólidos.** São Paulo: Editora Método, 2011, p.39.

[43]BRASIL. **Política Nacional de Resíduos Sólidos.** Lei nº 12.305, de 02 de agosto de 2010- Publicação original. Consulta disponível em: < http://www.planalto.gov.br/ccivil_03/_ato2007-2010/2010/lei/l12305.htm>. Acesso em 22 de dez. 2019.

[44]LEMOS, Patrícia Faga Iglecias. **RESÍDUOS SÓLIDOS E RESPONSABILIDADE PÓS-CONSUMO**. São Paulo: Editora Revista dos Tribunais, 2011, p. 85.

[45]BRASIL. **Política Nacional de Resíduos Sólidos.** Lei nº 12.305, de 02 de agosto de 2010- Publicação original. Consulta disponível em: < http://www.planalto.gov.br/ccivil_03/_ato2007-2010/2010/lei/l12305.htm>. Acesso em 22 de dez. 2019.

[46]LEMOS, Patrícia Faga Iglesias. **Resíduos Sólidos e Responsabilidade Civil Pós-Consumo.** São Paulo: Revista dos Tribunais, 2011, p. 83.

[47]ABRELPE. **Panorama dos Resíduos Sólidos no Brasil (2018/2019)**. Disponível em: < http://abrelpe.org.br/download-panorama-2018-2019/>. Acesso em 24 de nov. 2019.

[48]Idem.

[49]BRASIL. Ministério do Meio Ambiente. **Agenda 21.** Consulta disponível em < https://www.mma.gov.br/responsabilidade-socioambiental/agenda-21/item/681> Acesso em: 03 jul. 2018.

[50]BRASIL. **Política Nacional de Resíduos Sólidos.** Lei nº 12.305, de 02 de agosto de 2010. Disponível em:< http://www.planalto.gov.br/ccivil_03/_ato2007-2010/2010/lei/l12305.htm>. Acesso em 07 dez. 2019.

[51]MACHADO, Paulo Affonso Leme. **Direito Ambiental Brasileiro**. São Paulo: Malheiros Editores, 2007, p.562.

[52]SIRVINKAS, Luís Paulo. **Manual de Direito Ambiental.** São Paulo: Editora Saraiva, 2003, p. 156.

[53]TONANI, Paula. **Responsabilidade Decorrente Da Poluição Por Resíduos Sólidos.** São Paulo: Editora Método, 2011, p. 53.

[54]BRASIL. **Política Nacional de Resíduos Sólidos.** Lei nº 12.305, de 02 de agosto de 2010. Disponível em:< http://www.planalto.gov.br/ccivil_03/_ato2007-2010/2010/lei/l12305.htm>. Acesso em 07 dez. 2019.

[55]ANEEL. **Atlas de Energia Elétrica do Brasil**, 2008, p. 67. Disponível em:< https://www.aneel.gov.br/documents/656835/14876406/2008_AtlasEnergiaEletricaBrasil3ed/297ceb2e-16b7-514d-5f19-16cef60679fb>. Acesso em 24 de nov. 2019.

[56]BRASIL. Ministério das Cidades. **Probiogás. Tecnologias de Digestão Anaeróbia com Relevância para o Brasil.** Disponível em: <http://www.cidades.gov.br/images/stories/ArquivosSNSA/probiogas/probiogas-tecnologias-biogas.pdf>. Acesso em 25 de nov. 2019.

[57]GOLDEMBERG, José; LUCON, Osvaldo. **Energia, Meio Ambiente & Desenvolvimento.** 3ª ed.rev. e ampl. São Paulo: Editora da Universidade de São Paulo, 2011, p. 234.

[58]PISANI JÚNIOR, Reinaldo. Tratamento Térmico de Resíduos Sólidos. In: In: SCHALCH, Valdir et all. **Resíduos Sólidos: Conceitos, Gestão e Gerenciamento.** 1ª ed. Rio de Janeiro: Elsevier, 2019, p. 77.

[59]BRASIL, **Resolução CONAMA nº 316/2002.** Disponível em: < http://www2.mma.gov.br/port/conama/legiabre.cfm?codlegi=338>. Acesso em 20 de dez. 2019.

[60]KALOGIROU, Efstratious N. **Waste-to-Energy Technologies and Global Applications.** CRC Press: New York, 2018, p. 8.

[61]BIANCO, Carolina Ibelli; GUERMANDI, Júlia Inforzato; SIMÕES, André Luis Gomes. Tratamento: Compostagem. In: SCHALCH, Valdir et all. **Resíduos Sólidos: Conceitos, Gestão e Gerenciamento**. 1ª ed. Rio de Janeiro: Elsevier, 2019, p. 27-32.

[62]FIORILLO, Celso Antonio Pacheco. **Curso de Direito Ambiental Brasileiro.** São Paulo: Editora Saraiva, 2009, p. 265.

[63]TONANI, Paula. **Responsabilidade Decorrente Da Poluição Por Resíduos Sólidos.** São Paulo: Editora Método, 2011, p. 57.

[64]BRASIL. **Política Nacional de Resíduos Sólidos.** Lei nº 12.305, de 02 de agosto de 2010. Disponível em:< http://www.planalto.gov.br/ccivil_03/_ato2007-2010/2010/lei/l12305.htm>. Acesso em 07 dez. 2019.

[65]MEDAUAR, Odete (org.). **Coletânea de Legislação Ambiental.** Lei nº 12.305/2010, art.36, incisco VI, §1º. São Paulo: Editora Revista dos Tribunais, 2011, p. 970.

[66]SIRVINKAS, Luís Paulo. **Manual de Direito Ambiental.** São Paulo: Editora Saraiva, 2003, p. 157.

[67]MEDAUAR, Odete (org.). **Coletânea de Legislação Ambiental.** Lei nº 12.305/2010, art.3º, inciso V. São Paulo: Editora Revista dos Tribunais, 2011, p. 956.

[68]MILARÉ, Édis. **DIREITO DO AMBIENTE. A Gestão Ambiental em Foco.** São Paulo: Revista dos Tribunais, 2011, p.877.

[69]ANCAT. **Anuário de Reciclagem (2017/2018)**. Disponível em: < https:// ancat.org.br/wp-content/uploads/2019/09/Anua%CC%81rio-da-Reciclagem.pdf>. Acesso em 28 de dez. 2019.

[70] MILARÉ, Edis. **Direito do Ambiente**. São Paulo: Editora Revista dos Tribunais, 2011, p. 855.

[71]FILHO, Nagib Slaibi; ALVES, Geraldo Magela (atualiz.). **DE PLÁCIDO E SILVA. Vocabulário Jurídico.** Rio de Janeiro: Editora Forense, 2002, p. 713.

[72]FILHO, Ari Alves de Oliveira. *Responsabilidade Civil Em Face Dos Danos Ambientais.* Rio de Janeiro: Editora Forense, 2009, p. 102-104.

[73]LEMOS, Patrícia Faga Iglecias. *Responsabilidade Civil Por Dano Ao Meio Ambiente.* São Paulo: Editora Juarez de Oliveira, 2003, p. 6-7.

[74]ATHIAS, Jorge Alex Nunes. Responsabilidade Civil e Meio Ambiente-Breve Panorama do Direito Brasileiro. In: **Dano Ambiental: Prevenção, Reparação e Repressão.** Coord: Antonio Herman V. Benjamin. São Paulo: Editora Revista dos Tribunais, 1993, p.237.

[75]VIANNA, José Ricardo Alvarez. **Responsabilidade Civil por Danos ao Meio Ambiente.** PARANÁ: Editora Juruá, 2004, p. 80.

[76]BRASIL. **Código Civil.** Lei nº 10.406, de 10 de janeiro de 2002. Disponível em:< http://www.planalto.gov.br/ccivil_03/leis/2002/l10406.htm>. Acesso em 22 dez. 2019.

[77]Idem.

[78]Idem.

[79]BRASIL. **Política Nacional do Meio Ambiente.** Lei nº 6.938, de 31 de agosto de 1981- Publicação original. Consulta disponível em: < http:// www.planalto.gov.br/ccivil_03/LEIS/L6938.htm>. Acesso em 22 de dez. 2019.

[80]BRASIL. **Código Civil.** Lei nº 10.406, de 10 de janeiro de 2002. Disponível em:< http://www.planalto.gov.br/ccivil_03/leis/2002/l10406.htm>. Acesso em 22 dez. 2019.

[81]TONANI, Paula. **Responsabilidade Decorrente da Poluição Por Resíduos Sólidos.** São Paulo: Editora Método, 2011, p.85.

[82]FILHO, Ari Alves de Oliveira. **Responsabilidade Civil Em Face Dos Danos Ambientais.** Rio de Janeiro: Editora Forense, 2009, p. 115.

[83]BRASIL. **Constituição da República Federativa do Brasil.** Consulta disponível em: < http://www.planalto.gov.br/ccivil_03/constituicao/constituicao.htm>. Acesso em 22 de dez. 2019.

[84]SILVA, José Afonso. **Direito Ambiental Constitucional.** São Paulo: Malheiros Editores, 2007, p. 314.

[85]TONANI, Paula. **Responsabilidade Decorrente Da Poluição Por Resíduos Sólidos.** Sâo Paulo: Editora Método, 2011, p. 89.

[86]LEITE, José Rubens Morato; AYALA, Patryck de Araújo. **Dano Ambiental. Do individual ao coletivo extrapatrimonial. Teoria e prática.** São Paulo: Editora Revista dos Tribunais, 2011, 104

[87]REIS, Carolina Piwowarczyk. **Política Nacional de Resíduos Sólidos e Responsabilidade Civil Pós-Consumo.** In: Anais da IX Jornada Luso-Brasileira de Direito do Ambiente (volume III). Consulta disponível em: <http:// www.geamausp.com.br/ pdfs/42a816a6e3a902def70dd0fbfb1363ed.pdf#page=41>. Acesso em 26 de dez. 2019.

[88]BRASIL. **Política Nacional de Resíduos Sólidos.** Lei nº 12.305, de 02 de agosto de 2010. Disponível em:< http://www.planalto.gov.br/ccivil_03/ _ato2007-2010/2010/lei/l12305.htm>. Acesso em 26 dez. 2019.

[89]LEMOS, Patrícia Faga Iglecias. **RESÍDUOS SÓLIDOS E RESPONSABILIDADE PÓS-CONSUMO.** São Paulo: Editora Revista dos Tribunais, 2011, p. 180.

[90]MILARÉ, Èdis. **Direito do Ambiente.** São Paulo: Revista dos Tribunais, 2011, p.890.

[91]REIS, Carolina Piwowarczyk. **Política Nacional de Resíduos Sólidos e Responsabilidade Civil Pós-Consumo.** In: Anais da IX Jornada Luso-Brasileira de Direito do Ambiente (volume III). Consulta disponível em: <http:// www.geamausp.com.br/ pdfs/42a816a6e3a902def70dd0fbfb1363ed.pdf#page=41>. Acesso em 26 de dez. 2019.

[92]BRASIL. **Política Nacional de Resíduos Sólidos.** Lei nº 12.305, de 02 de agosto de 2010. Disponível em:< http://www.planalto.gov.br/ccivil_03/ _ato2007-2010/2010/lei/l12305.htm>. Acesso em 26 dez. 2019.

[93]BRASIL. **Política Nacional de Resíduos Sólidos.** Lei nº 12.305, de 02 de agosto de 2010. Disponível em:< http://www.planalto.gov.br/ccivil_03/ _ato2007-2010/2010/lei/l12305.htm>. Acesso em 26 dez. 2019.

[94]TONANI, Paula. **Responsabilidade Decorrente Da Poluição Por Resíduos Sólidos.** São Paulo: Editora Método, 2011, p.94.

[95]Idem.

[96]MILARÉ, Èdis. **Direito do Ambiente.** São Paulo: Revista dos Tribunais, 2011, p.890.

[97]ABRELPE. **Panorama dos Resíduos Sólidos no Brasil (2018/2019).** Disponível em: < http://abrelpe.org.br/download-panorama-2018-2019/>. Acesso em 24 de nov. 2019.